2022 年度教育部人文社会科学研究青年基金项目

"乡村振兴背景下特色小镇三生空间融合发展模式及保障机制研究"（22YJCZH120）

———

研究成果

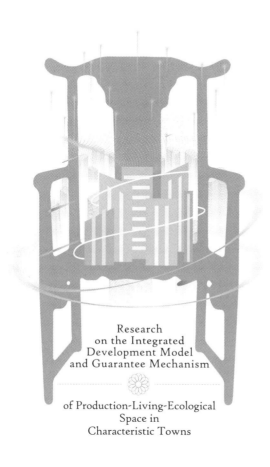

Research
on the Integrated
Development Model
and Guarantee Mechanism

of Production-Living-Ecological
Space in
Characteristic Towns

特色小镇『三生空间』融合发展模式及保障机制研究

罗 俊 著

ZHEJIANG UNIVERSITY PRESS
浙江大学出版社
·杭州·

图书在版编目（CIP）数据

特色小镇"三生空间"融合发展模式及保障机制研究 / 罗俊著. -- 杭州：浙江大学出版社，2025. 5. -- ISBN 978-7-308-26026-8

Ⅰ. F299.21

中国国家版本馆 CIP 数据核字第 20251SZ364 号

特色小镇"三生空间"融合发展模式及保障机制研究

罗　俊　著

策划编辑	陈　翩
责任编辑	陈　翩
责任校对	丁沛岚
封面设计	米　兰
出版发行	浙江大学出版社
	（杭州市天目山路148号　邮政编码310007）
	（网址：http://www.zjupress.com）
排　　版	杭州林智广告有限公司
印　　刷	杭州钱江彩色印务有限公司
开　　本	710mm×1000mm　1/16
印　　张	17.5
字　　数	210千
版 印 次	2025年5月第1版　2025年5月第1次印刷
书　　号	ISBN 978-7-308-26026-8
定　　价	88.00元

目 录

绪 论

一、研究背景

中国政府提出了乡村振兴战略，旨在推动乡村经济社会全面发展。乡村振兴战略以加强农村基础设施建设、改善农村生产生活条件、促进乡村产业振兴与发展为主要内容。在这一战略框架下，特色小镇应运而生，并被视为推动乡村振兴、加快城镇化进程的一个重要抓手。

自浙江率先提出并试点特色小镇后，特色小镇建设得到国家政策的大力支持。中央政府和地方政府相继出台了相关政策文件，从指导思想、总体目标、重点任务到政策措施，全方位为特色小镇建设筑牢政策保障根基。特色小镇作为乡村振兴战略的重要组成部分，通过发展特色产业、吸引投资，不仅创造了更多的就业机会，搭建起广阔的创业平台，有力促进了区域经济发展，还带动了乡村旅游业繁荣，推动乡村经济走上多元化发展道路。

如今，全国各地遍布特色小镇，有的建设成效显著，已经成为拉动区域经济发展的强劲引擎。特色小镇的建设不仅为中国特色的新型城镇化道路指引了方向，也为研究者开拓了广阔的社会经济研究领域。同时，随着更多的研究关注于特色小镇的生产、生活和生态，"三生空间"作为一种新的发展理念和空间理念也日益得到重视。研究特色小镇"三生空间"发展模式，能为进一步探索、培育和建设特色小镇提供一定的指导。

二、研究方法

"三生空间"指的是特色小镇生产空间、生活空间、生态空间这三个空间的相互融合，强调特色小镇的发展不仅是单一产业或景观的建设，而是要在生产、生活、生态三个方面进行综合规划。"三生空间"概念的提出为特色小镇建设提供了更加系统和全面的发展路径。

"三生空间"融合发展理论在本质上探讨了特色小镇在生产、生活、生态三个方面之间的相互关系，以及如何通过这三者之间的有机融合来实现特色小镇的可持续发展。在这一理论框架下，研究者可以从生产维度的外部性效应、生活层面的反馈与调节作用、生态基础的支撑与约束机制这三个维度进行思考。学界关于"三生空间"融合发展理论的探讨，为特色小镇的规划和发展提供了重要的理论指导，有助于更好地理解特色小镇发展的内在逻辑和发展路径。

当前，学界在特色小镇的特征、内涵、建设原则和方法等方面的理论研究成果较为丰厚，但对特色小镇的建设现状、经验总结等方面的关注稍显不足。本书以文献研究为基础，梳理相关的理论与政策，探寻特色小镇"三生空间"融合发展模式，并追溯其时代内涵、创新依据与内在逻辑。本书以问题为导向，剖析特色小镇发展面临的现实困境及影响因素；用田野调查、案例分析、深度访谈等方法，走访中国特色小镇起源地，考察"三生空间"融合发展视角下特色小镇的运行机制和支持体系，为特色小镇建设路径的优化和保障措施的完善提供事实依据与政策切入点。

在研究过程中，本书主要以浙江省域内的特色小镇为研究对象，聚焦特色小镇"三生空间"融合发展模式及其保障机制，展开实地调研，深入思考特色小镇的持续性发展问题和发展模式。本书的研究成果对于推进乡村振兴、新型城镇化建设有一定的价值。

三、主要发现

在国内，浙江省的特色小镇建设起步最早，是全国乡村振兴、新型城镇化发展中的一大亮点，展现出其独特的发展路径与发展模式。浙江省特色小镇现阶段的发展特征主要表现在以下几个方面。

一是产业驱动，特色创新融合。浙江的特色小镇通常以产业为核心，将当地特色资源与产业链结合，突出优势产业，例如诸暨的袜业、乌镇的互联网产业、绍兴的黄酒产业等。在这些产业特色的基础上，浙江省注重将科技创新和新型商业模式引入其中，推动产业升级，使特色小镇成为"产、城、人、文"四位一体的综合体。

二是政策引领，规划支撑有力。浙江省政府对特色小镇的建设提供了较大的政策支持，制定了明确的发展目标和规划。例如，政府在财政、用地、招商等方面出台优惠政策，通过引进社会资本、创新投融资机制等方式，推动特色小镇的市场化运作，为特色小镇的发展提供稳定可靠的后方支持，这使得浙江的特色小镇具备了可持续发展动力。

三是要素集聚，人才资本涌流。浙江特色小镇的发展注重要素的集聚，尤其是人才要素和资本要素。由于特色小镇发展需要专业的产业环境支撑，浙江省注重吸引高端人才落户，并通过提供良好的创业环境、切实的支持政策、开放的市场空间，推动资本流入和创新要素集聚。许多特色小镇通过产学研合作，与高校、科研机构建立联系，形成技术创新的源头和孵化地。

四是文旅交融，品牌塑造凸显。很多特色小镇借助自身丰富的自然资源和人文资源，着力打造旅游品牌，形成"产业＋旅游"双驱动的发展模式。例如，绍兴兰亭书法特色小镇以王羲之《兰亭集序》书法文化为核心，依托兰亭景区的历史人文资源，打造书法艺术产业链，不仅引进高校汇聚人才，还形成了书法培训、书法展览、文创产品开发等多元化的文化产业，并通过举办"兰亭书法节"等文化活动，吸引了国内外大量书法爱好者和游客前来参观体验。该小镇深挖书法文化的内涵，使文化资源转化成为经济动能。

五是绿色为基，生态持续发展。浙江特色小镇注重绿色生态的理念，追求经济效益、社会效益和环境效益的协同发展。许多小镇在规划建设过程中，强调节能环保、绿色建筑和生态景观的塑造，实现小镇建设与自然环境的协调。例如，安吉县将小镇建设与竹林生态系统保护相结合，多维度为当地经济增长提供动能，在创造大量就业机会和经济效益的同时践行了"绿水青山就是金山银山"理念。

　　尽管浙江特色小镇凭借先发优势与创新举措，在全国特色小镇建设中处于领先地位，但也面临一些挑战与问题。例如，部分特色小镇出现产业同质化、过度房地产化的现象；部分小镇缺乏精准规划，特色彰显不足。此外，如何构建长效的自我发展机制，避免过度依赖政府资源，也是小镇发展面临的难题。未来，浙江特色小镇应当进一步明确产业定位，深耕产业链条，避免陷入同质化竞争困局；注重创新机制，强化科技与产业的融合，打造高质量发展新模式；提升文化内涵，推动文旅融合向更高层次发展，使特色小镇不仅成为经济发展的载体，更成为承载人文情怀、富有吸引力的生活空间。

四、研究趋势

　　随着全球化和城市化的加速推进，特色小镇作为一种独特的社会经济发展模式，逐渐成为各界关注的焦点。除了持续发展产业和文化，未来，特色小镇可能有如下几种发展趋势。

　　一是趋向生态引领和绿色发展。随着公众环保意识的不断提高，特色小镇的建设将更加注重生态保护和环境友好。同时，特色小镇通过推广可再生能源利用等手段，实现经济、社会和环境的协同共进。

　　二是趋向多元创新和融合发展。传统的发展模式已经无法满足现代社会的需求，特色小镇需要在发展路径上推陈出新。例如，引入科技、文化、艺术等元素，打造具有独特魅力的品牌形象；与当地社区、企业等深度合作，构建资源共享、优势互补的区域发展新格局。

三是趋向历史传承与文化出新。特色小镇通过保护地域文化和历史遗产，打造独具魅力的小镇文化，吸引更多的游客和投资者的目光，为城乡经济发展注入强劲动力。

此外，"三生空间"融合发展模式将成为特色小镇建设领域的一个重要议题。其实践经验可以为新型城镇化建设提供指引，并能够推动特色小镇实现转型升级和创新发展。在这一进程中，政府需加大对特色小镇建设的资金投入和政策扶持力度，完善相关政策和制度保障体系。同时，如何激发小镇企业、居民发挥主体作用，生成"内驱力"共同参与建设，是一个值得思考的问题。总之，"三生空间"融合发展模式是一种具有前瞻性与应用价值的特色小镇发展模式，值得在理论研究和实践探索层面精耕细作，从而让特色小镇在多元融合中释放出更大活力。

第一章

特色小镇研究概况

第一节　特色小镇的发源、发展与分布

一、特色小镇的发源

　　浙江云栖小镇是中国特色小镇的发源地。浙江发布的《特色小镇评定规范》也是国内首个有关特色小镇评定规范的地方标准，其明确提出，特色小镇具备功能"聚而合"、形态"小而美"、体制"新而活"、产业"特而强"的特点。2014 年，浙江省率先提出"特色小镇"概念，其独特的发展模式得到了中央认可，很快便上升为国家政策，各地相继提出特色小镇建设并要求实施相关规划，以此推进新型城镇化。[①]特色小镇所强调的集约型的"三生空间"融合发展模式，符合浙江省的经济发展实际，是地方政府推进新型城镇化的有力抓手。

---

① 林火灿.让特色小镇健康生长 [N].经济日报，2018-01-17.

　　各地的特色小镇建设虽有一定的范式，但大多因地制宜，呈现出百花齐放的发展态势，并朝着产业化、多元化、个性化方向迈进。总体来说，特色小镇是城乡经济发展的新引擎，为新型城镇化建设开辟了新路径。特色小镇的本质是利用集约型理念，借助产业集聚的专业化平台，融合生活和生态功能，形成一个"三生"融合的空间闭环，用小杠杆撬动区域社会经济的增长。"从国家层面看，特色小镇政策反映中央政府对集聚经济、专业化和地方性经济的认可，承认其对提升城镇化质量和促进乡镇融合发展的重要历史作用，也明确了人才创新创业驱动、具有空间排他性的地方专业化和小尺度增长平台对推动人口城镇化的核心功效。但从地方实践看，特色小镇通常会理性地落脚于既有的政府规划的增长平台上，离不开对传统集聚平台的基础支撑作用，但也不乏从无到有的新型园区建设。"①

　　特色小镇建设存在着显著的"自上而下"的政府主导模式印记。目前，国家层面通过颁布政策、组织交流会、编写示范案例等方式对特色小镇建设进程予以规范、纠正和引导。未来，特色小镇有望在经济、文化、社会多个维度实现更可持续的发展，成为中国城镇化发展先行标杆，提供更多有益、可靠的经验。

　　需要注意的是，浙江省首创的"特色小镇"不是建制镇，而是国家战略层面的特色小镇。全国各地在小镇建设中形成了不同做法，关于"特色小镇"和"特色小（城）镇"两种表述，下文将会进行详细阐释。

---

① 胡晓辉，林潭晨，张天尧，等.特色小镇的理论剖析及其政策分类研究：基于浙江省的调查证据 [J].热带地理，2024（2）：269-279.

精选案例：浙江杭州云栖小镇——"特色小镇"概念的发源地

云栖小镇坐落于中国浙江省杭州市，是中国特色小镇的发源地，是以数字经济和云计算为主导的特色小镇项目。融合了依托先进产业的引领和政府政策的扶持，云栖小镇形成了推动特色小镇发展的有力动能，是中国特色小镇的先行者。

1. 先进产业的引领

云栖小镇的成功不仅缘于其优越的地理条件，更得益于以云计算产业为核心的科技创新驱动。作为数字经济的先行者，阿里巴巴集团通过推动云计算、大数据等前沿技术的广泛应用，吸引了大量科技企业相继落户小镇。这种龙头企业的强大引领效应，逐步将云栖小镇打造为杭州乃至全国的数字经济创新高地，形成了一个技术与经济相互促进、协同发展的新型生态圈。

阿里巴巴等企业不仅自身创新能力强劲，还通过与其他科技企业开展协同合作，构建了高度活跃的创新生态系统。在这一环境下，各企业既在技术层面合作攻关，又保持适度竞争，在推动技术突破的同时，形成了多方共赢的局面。这种创新协作模式，不仅促进了企业的自我发展，还为小镇及其周边地区创造了显著的经济效益。

此外，云栖小镇作为国内率先发展云计算产业的区域，成功研发了具备自主知识产权的通用云计算平台，填补了中国在云计算领域的空白。阿里云、数梦工场、政采云等多家涉云企业的入驻，使小镇逐渐形成了以云计算和大数据为核心的产业集群。截至 2023 年，小镇已集聚国家高新技术企业 68 家、科技型中小企业 189 家[①]，为实体经

———————————

① 数据来源于杭州市西湖区传媒中心（杭州市西湖区文化创意产业发展中心）。

济的升级与发展注入了强大动力。

"特色小镇"这种在区域块状经济和县域经济基础上诞生的创新经济模式，不仅推动了区域产业升级，也为全国范围内的特色小镇建设提供了可复制、可推广的发展范例。[①]

2. 政府政策的支持

云栖小镇的崛起离不开政府的全方位政策扶持。政府通过降低企业经营成本、优化产业布局和完善基础设施，为产业创新营造了良好环境。

（1）财税支持

为了激发企业创新活力，政府出台了系列财政和税收激励政策。例如，通过税收减免和补贴计划，直接降低企业的税负成本，极大地缓解了初创企业资金压力，有力推动了企业的创新研发和业务拓展。根据政府发布的数据，已有超过100家数字科技类企业享受了这些优惠政策，并借此加速了技术创新，有效激发了云栖小镇整体经济活力。

（2）人才政策

云栖小镇针对创新创业型人才设立了专门的引进和支持政策，包括提供住房补贴、租房优惠以及工程师公寓等，使得高层次人才和创业团队能够安心扎根在这里，助力区域科技创新。同时，完善餐饮、娱乐、购物、休闲、运动等配套服务设施，为企业和人才创造了良好的生活氛围。

（3）产业引导

政府出台了产业引导政策，明确鼓励企业向云计算、大数据、人工智能等前沿领域聚焦，进一步优化小镇创新创业环境，加速小镇涉

---

① 唐敏，刘盛. 乡村振兴战略背景下特色小镇建设发展研究 [J]. 湖北理工学院学报（人文社会科学版），2019（4）：37-42.

云企业集聚，做大做强小镇云计算产业。这一政策不仅帮助企业明确了发展方向，还为企业提供了必要的资金和技术支持，成功推动了云栖小镇产业结构的调整。以阿里云计算中心为代表的高新技术企业，正是在这一产业引导政策孕育下，率先在小镇落地生根，推动了区域产业结构的战略性转型。

3. 城市的智慧化设计

云栖小镇的成功还得益于其科学合理的规划和精心的设计。小镇以数据驱动和智能技术为引领，打造未来智能小镇的样板间，提高了资源利用效率。在智慧城市建设中，小镇探索了许多具有前瞻性的做法。例如，使用全域时空调度算法，有效缓解停车难题；通过实时数据分析和动态配置，优化车位资源。又如，应用物联网、BIM(building information modeling，建筑信息模型) 和区块链技术，实现快速响应与隐患管理，为消防安全提供科学管理体系。再如，坚持产业、文化、旅游、社区"四位一体"发展。这种结合高科技手段和人文关怀的小镇治理模式，为其他地区提供了良好的示范，也推动了数字经济的发展。

4. 总结

云栖小镇的实践表明，特色小镇的发展应立足于产业创新、政府支持和社区协同三个维度的协同发展。各地在借鉴云栖小镇经验时，需要结合自身资源禀赋和发展条件，寻找适合的产业方向，构建稳定的政策支持体系，关注居民福祉与人居环境的改善。唯有如此，才能实现产业繁荣、环境宜居、社会和谐的可持续发展目标。

二、特色小镇的发展阶段与政策保障

（一）发展阶段

有学者提出，我国在特色小镇概念的认识和演进上主要经历了三个阶段，即"特色小镇"说法的出现、区别"特色小镇"和"特色小城镇"、"特色小镇"的认识深化这三个阶段。其中，2015年浙江省"特色小镇"概念提出和2017年国家发展和改革委员会等四部委发布的《关于规范推进特色小镇和特色小城镇建设的若干意见》这两个时间节点尤为重要，进一步将特色小镇概括为"在几平方公里土地上集聚特色产业、生产生活生态空间相融合、不同于行政建制镇和产业园区的创新创业平台"。这标志着人们对中国"特色小镇"的认识更加清晰。

从2014年中国特色小镇启动至今，特色小镇的建设可以划分为四个发展阶段。

起步阶段：2014—2016年。中国特色小镇建设之初，政府部门就认识到特色小镇建设的重要性。2016年，住房和城乡建设部认定了127个镇为第一批中国特色小镇。这一阶段的特征是政策规划和政策试点，通过借鉴典型案例探索特色小镇建设。

探索阶段：2016—2018年。政府开始通过出台激励政策、设立引导基金、制定扶持政策等手段，鼓励各地区积极探索特色小镇建设，引领社会经济发展。2017年，住房和城乡建设部认定了276个镇为第二批全国特色小镇。国家发展和改革委员会等四部委在《关于规范推进特色小镇和特色小城镇建设的若干意见》中明确了"特色小镇"非镇非区的概念，及时纠正了部分地区特色小镇的建设乱象。

快速发展阶段：2018—2020年。随着中国特色小镇建设进入快速发展期，政府加大了对特色小镇建设的政策支持和资金投入力度，加快了特色小镇建设的步伐，有力地推动了特色小镇发展。此外，2019年，国家发展改革委规划司坚持既规范纠偏，又引导典型，以促进特色小镇有序健康发展。

全面推进和提升阶段：2020年至今。当前，中国特色小镇建设的热潮已经退去，至今还在持续"发电"的特色小镇经过几年的成长，已经成为乡村振兴的重要力量。政府更加重视特色小镇的品质提升与改造优化，百姓更加关心特色小镇的环境品质与生活体验。不断围绕"特"字做文章，是特色小镇可持续发展的密码。

（二）政策保障

在中国特色小镇的发展进程中，政府政策的保障发挥了至关重要的作用，主要体现在以下几个方面。

一是政策引导与规划支持。中国政府在特色小镇的规划中，始终提供清晰的政策指引，整体谋划战略布局。2016年，中国国家发展和改革委员会协同其他部委发布了《国家发展改革委关于加快美丽特色小（城）镇建设的指导意见》，明确指出以特色产业为核心，结合新型城镇化和乡村振兴目标进行小镇规划，并鼓励地方政府因地制宜推动不同类型的小镇发展。例如，浙江乌镇根据政府的规划定位，重点发展文化体验、休闲度假、商务会展三大板块，并将传统古镇风貌与互联网大会等高端产业结合，实现了经济与文化的同频共振、繁荣共生。

二是财政支持与资金投入。政府为特色小镇的发展注入"源头活水"，提供专项财政资金支持，尤其是在基础设施建设和公共服务完善方面，帮助小镇完善交通、通信、水电等基础设施。这不仅提升了小镇居民的生活品质，也为企业落地提供了良好的硬件条件。例如，贵州省的贵安新区在发展大数据特色小镇时，政府提供了大量财政支持，用于建设通信网络、数据中心及其他配套基础设施，助力大数据产业的集聚发展。

三是税收优惠与金融支持。政府为入驻特色小镇的企业提供税收优惠政策，降低企业的运营成本，减轻企业经营负担。同时，通过产业基金、优惠贷款等多样化金融手段为企业提供充足的资金"粮草"，拓宽中小企业和初创企业的融资渠道。例如，在浙江云栖小镇，政府设立了专项产业基金，就像"及时雨"，为科技创业企业的成长提供了坚实有力的资金保障。

四是土地政策支持。特色小镇的蓬勃发展离不开土地政策的灵活运用。政府通过提供优惠的土地出让价格，或推出集约化的土地开发模式，帮助开发商降低用地成本。对于符合规划要求的重点产业项目，政府还会制定"点状供地"政策，专门为其提供精准的用地保障。例如，重庆归原小镇通过采用"点状用地"模式建设乡村休闲项目。这不仅有效减少了土地占用指标，满足了项目的用地需求，还极大缓解了投资方的资金压力，确保了归原小镇项目的顺利实施。

五是创新创业扶持。为了吸引创新型企业和创业者，政府会推出一系列支持特色小镇创新创业的政策，包括提供孵化器、发放研发补贴、减免租金等。特色小镇一般会规划建立创业孵化基地，提供创业培训、融资对接和市场推广等服务，吸引高新技术人才和创新人才入驻。例如，成都的菁蓉镇是一个典型的创新创业特色小镇，政府不仅提供了创业资金支持，还在集聚区建设双创孵化核心区，吸引了大量科技初创企业和创业者，使小镇成为中国西南地区的创业高地。

六是生态保护与文化传承。在特色小镇建设中，政府会针对生态脆弱地区的特色小镇出台严格的环境保护政策，或为文化底蕴深厚的特色小镇制定文化遗产保护规划，通过政策引导，避免特色小镇在开发过程中对当地生态环境和历史文化造成破坏，确保小镇的可持续发展。例如，作为世界文化遗产地的安徽西递和宏村，政府在推动其旅游产业发展的同时，严格保护古建筑群，并限制现代建筑的大规模进入，使小镇的历史风貌得以完整保留。

七是公共服务与基础设施保障。政府持续完善特色小镇的医疗、教育、交通等公共服务和基础设施。这些基础服务的优化升级不仅有利于吸引外来人口和企业入驻，也大大提高了居民的生活质量和幸福感。例如，在福建永定土楼文化小镇的建设过程中，政府注资改善了小镇的交通、教育和医疗条件，增设旅游配套设施，吸引了大量游客，并有力推动了当地居民生活水平的提高。

八是简政放权与优化营商环境。简政放权和优化营商环境是近年来政府改革的重要方向。在特色小镇的发展进程中，政府通过简化行政审批流程、提供一站式服务等手段，降低企业的入驻门槛，营造了良好的营商环境，大幅提升了特色小镇的投资吸引力。例如，江苏常州的武进绿建小镇通过精简绿色建筑企业的审批流程，构建"一站式"服务中心，加速了企业入驻和项目落地的速度，使绿色建筑产业迅速实现集聚发展。

在具体实践中，政府出台的推动特色小镇发展的政策是多维度的，涵盖财政、税收、土地、金融等方面。这些政策措施不仅为小镇的产业腾飞筑牢了根基，也在文化传承和生态保护之间找到了平衡点，促进了特色小镇的全面协调发展。

三、特色小镇立项推广与分布情况

2016 年、2017 年，住房和城乡建设部分两批公布了特色小镇名单，国家体育总局等部门也相继发布了特色小镇发展计划。这些政策举措如同强劲的引擎，推动了各地建设特色小镇的热潮。

2016 年，住房和城乡建设部认定了 127 个第一批中国特色小镇[①]，为特色小镇建设树立了先行标杆。

2017 年，住房和城乡建设部认定了 276 个第二批全国特色小镇[②]，进一步拓展了特色小镇的发展版图。

2019 年，国家发展和改革委员会推广来自 16 个精品特色小镇的"第一轮全国特色小镇典型经验"，要求全国各地区学习浙江德清地理信息小镇、杭州梦想小镇、福建宁德锂电新能源小镇、江苏句容绿色新能源小镇、山东济南中欧装备制造小镇、黑龙江大庆赛车小镇推动新兴产业集聚发展的经验，学习浙江诸暨袜艺小镇、广东深圳大浪时尚小镇、吉林长春红旗智能小镇、广东佛山禅城陶谷小镇推动传统产业转型升级的经验，学习江苏苏州苏绣小镇、云南曲靖麒麟职教小镇、吉林安图红丰矿泉水小镇、安徽合肥三瓜公社小镇、天津杨柳青文旅小镇、江西大余丫山小镇推动产城人文融合发展的经验[③]，为全国各地特色小镇的建设提供

---

① 详见本书附录 1。
② 详见本书附录 2。
③ 国家发展改革委规划司. 2019 年"第一轮全国特色小镇典型经验"总结推广 [EB/OL]. （2019-04-24）[2024-10-30]. https://www.ndrc.gov.cn/xwdt/ztzl/xxczhjs/ghzc/202112/t20211209_1307292.html.

了可借鉴的范式。

四、特色小镇相关研究

本书以"特色小镇""乡村振兴""新型城镇化"等为关键词检索数据库文献，根据纳入与排除标准，共筛选出 200 余篇（部）相关文献和著作，其中包括特色小镇的理论研究、实践案例、政策文件等。以下对部分特色小镇相关著作进行简要介绍。

《中国特色小镇建设政策汇编（第二版）》（经济管理出版社，2018 年）。该书是特色小镇政策和规划工具书，有不同省份的特色小镇建设规划，为特色小镇政策制定者和研究者全面了解全国各地的相关政策提供了极大便利。

《中国特色小（城）镇 2018 年发展指数报告》（中国商业出版社，2018 年）、《中国特色小（城）镇 2019 年发展指数报告》（人民日报出版社，2019 年）、《中国特色小（城）镇 2020 年发展指数报告》（人民出版社，2020 年）。该系列图书全面系统地揭示了各省份特色小（城）镇的新发展模式，为认识与把握中国特色小（城）镇的发展态势提供了一手参考资料和有价值的决策支撑。

《中国特色小镇持续性发展研究》（中国财政经济出版社，2022 年）。该书主要聚焦特色小镇持续性发展问题，研究特色小镇持续性发展的动力机制、主体行为、精准治理路径与政策支撑体系，对进一步推进城乡统筹发展、乡村振兴与新型城镇化建设融合发展有借鉴意义。

《特色小镇理论与案例》（经济管理出版社，2017 年）、《世界特色小镇经典案例》（中国建筑工业出版社，2019 年）。两本书从不同角度对特色小镇进行了理论和实践层面的分析，能够帮助读者更好地理解特色小镇的概念和发展模式。

《特色小镇孵化器：特色小镇全产业链全程服务解决方案》（中国旅游出版社，2017年）。该书从企业和市场的视角探讨了特色小镇的开发与运营模式，介绍当前国内企业建设特色小镇的思路和做法。

《特色小镇旅游发展研究》（九州出版社，2019年）。该书对特色小镇的旅游发展进行了深入研究，涉及旅游资源开发、旅游产品设计、旅游营销等方面的内容。

《特色小镇运营指南》（中国旅游出版社，2016年）。该书从宏观、中观、微观三个层面梳理了特色小镇作为产业驱动力的核心地位和作用，对特色小镇从顶层设计到落地实践的全过程都有介绍，为特色小镇全产业链全程孵化提供了有益思路。

《杭州特色小镇公共空间活力研究》（中国林业出版社，2022年）。该书从"杭州""特色小镇""公共空间活力"这三个关键词出发，用统计分析和建模的方法，做了定性、定量、应用研究，通过大量的样本数据，对杭州的特色小镇公共空间活力做了科学分析。该书在"活力研究"上投入了心血，且题材新颖，可以为特色小镇公共空间的规划和设计提供思考角度。

限于篇幅，以上只列举了部分文献；关于特色小镇的论著不胜枚举，研究者的关注点亦有不同，他们从政策、理论、实践等多个方面对特色小镇进行了考察，在研究内容上涵盖了政策激励、规划设计、运营管理、社区建设、旅游发展等特色小镇发展的各个方面。不同的研究对象、研究方法、研究视角都会影响研究者的结论，本书希望通过文献研究、政策梳理和实地调研，为特色小镇建设提供一些参考。

第二节　特色小镇政策摘录

特色小镇发展存在着显著的"自上而下"的政府主导模式特征，这意味着政府在特色小镇的建设中发挥着至关重要的作用，主要包括：（1）引导发展方向。政府部门发布的文件为相关企业提供了指导和依据，明确了特色小镇的发展方向、定位和目标，使特色小镇的建设符合国家整体发展战略和规划的要求。（2）提供政策支持。政府部门发布的金融、税收、土地等方面的政策有助于降低企业和投资者的风险，推动特色小镇的可持续发展。（3）激发产业活力。政府部门通过激励特定产业在特色小镇集聚和兴起，推动产业结构优化升级，从而在区域内培育新的经济增长点。（4）吸引金融投资。政府部门提供的金融支持包括财政资金、贷款优惠政策等，可以降低特色小镇的建设和运营成本。政府的政策引导也提高了特色小镇的吸引力，就像是一块磁石，吸引更多的投资者和企业参与特色小镇建设。（5）优化城市布局。政府部门出台的土地政策有助于优化城市布局、分散城市人口和产业压力，促进区域协调发展。（6）保障法律和制度实施。政府部门通过发布相关文件，为特色小镇的建设筑牢保障防线，维护社会秩序，营造公平竞争的市场环境。（7）推动创新和科技发展。政府部门的政策引导是改革创新的强劲引擎，为特色小镇发展注入创新活力，进而驱动了科技进步。（8）提升居民生活水平。政府部门发布的文件涵盖社会事务和居民服务相关内容，有助于提升特色小镇居民的生活水平和社会福利水平。

总体而言，政府的政策引导有助于社会各方面形成强大合力，为特色小镇的建设提供全方位的坚实支持和保障。

一、有关部委和单位印发的特色小镇相关文件摘录

2013 年 11 月，中国共产党第十八届中央委员会第三次全体会议通过《中共中央关于全面深化改革若干重大问题的决定》，要求"完善城镇化健康发展体制机制。坚持走中国特色新型城镇化道路，推进以人为核心的城镇化，推动大中小城市和小城镇协调发展、产业和城镇融合发展，促进城镇化和新农村建设协调推进。优化城市空间结构和管理格局，增强城市综合承载能力"，首次提出"建立空间规划体系，划定生产、生活、生态空间开发管制界限，落实用途管制"。

2014 年 3 月，中共中央、国务院发布《国家新型城镇化规划（2014—2020）》，指出"我国城镇化是在人口多、资源相对短缺、生态环境比较脆弱、城乡区域发展不平衡的背景下推进的，这决定了我国必须从社会主义初级阶段这个最大实际出发，遵循城镇化发展规律，走中国特色新型城镇化道路"，同时强调：城镇化是现代化的必由之路；城镇化是保持经济持续健康发展的强大引擎；城镇化是加快产业结构转型升级的重要抓手；城镇化是解决农业农村农民问题的重要途径；城镇化是推动区域协调发展的有力支撑；城镇化是促进社会全面进步的必然要求。

2015 年 7 月，住房和城乡建设部、国家旅游局下发《关于公布第三批全国特色景观旅游名镇名村示范名单的通知》，将 337 个镇、村列为第三批全国特色景观旅游名镇名村示范。两部委要

求，各地应加强对全国特色景观旅游名镇名村示范核心景观资源的保护，进一步推动示范镇、村人居环境改善和旅游业发展，提升其综合服务能力。

2016 年 1 月，住房和城乡建设部下发《关于公布第三批美丽宜居小镇、美丽宜居村庄示范名单的通知》，确定 42 个镇为美丽宜居小镇、79 个村为美丽宜居村庄示范，要求各地认真做好示范经验的总结，大力开展宣传和推广工作，引导美丽宜居小镇、美丽宜居村庄建设工作。

2016 年 2 月，国务院印发《关于深入推进新型城镇化建设的若干意见》，提出"加快特色镇发展"，具体要求是："因地制宜、突出特色、创新机制，充分发挥市场主体作用，推动小城镇发展与疏解大城市中心城区功能相结合、与特色产业发展相结合、与服务'三农'相结合。发展具有特色优势的休闲旅游、商贸物流、信息产业、先进制造、民俗文化传承、科技教育等魅力小镇，带动农业现代化和农民就近城镇化。提升边境口岸城镇功能，在人员往来、加工物流、旅游等方面实行差别化政策，提高投资贸易便利化水平和人流物流便利化程度。"

2016 年 3 月，《国民经济和社会发展第十三个五年规划纲要》发布，提出要加快发展中小城市和特色城镇，"因地制宜发展特色鲜明、产城融合、充满魅力的小城镇"。

2016 年 7 月，住房和城乡建设部、国家发展改革委、财政部三部委印发《关于开展特色小镇培育工作的通知》，提出"到2020 年，培育 1000 个左右各具特色、富有活力的休闲旅游、商贸物流、现代制造、教育科技、传统文化、美丽宜居等特色小镇，引领带动全国小城镇建设，不断提高建设水平和发展质量"。该通知还提出了特色小镇的培育要求，即特色鲜明的产业形态、和谐宜居的美丽环境、彰显特色的传统文化、便捷完善的设施服务、充满活力的体制机制。（已废止）

2016年10月，国家发展改革委发布《关于加快美丽特色小（城）镇建设的指导意见》，明确了特色小镇和特色小城镇的概念："特色小（城）镇包括特色小镇、小城镇两种形态。特色小镇主要指聚焦特色产业和新兴产业，集聚发展要素，不同于行政建制镇和产业园区的创新创业平台。特色小城镇是指以传统行政区划为单元，特色产业鲜明、具有一定人口和经济规模的建制镇。特色小镇和小城镇相得益彰、互为支撑。发展美丽特色小（城）镇是推进供给侧结构性改革的重要平台，是深入推进新型城镇化的重要抓手，有利于推动经济转型升级和发展动能转换，有利于促进大中小城市和小城镇协调发展，有利于充分发挥城镇化对新农村建设的辐射带动作用。"（已废止）

2016年10月，住房和城乡建设部、中国农业发展银行发布《关于推进政策性金融支持小城镇建设的通知》，要求"切实推进政策性金融资金支持特色小镇、小城镇建设"。在充分发挥政策性金融的作用方面，该通知指出："小城镇是新型城镇化的重要载体，是促进城乡协调发展最直接最有效的途径。各地要充分认识培育特色小镇和推动小城镇建设工作的重要意义，发挥政策性信贷资金对小城镇建设发展的重要作用，做好中长期政策性贷款的申请和使用，不断加大小城镇建设的信贷支持力度，切实利用政策性金融支持，全面推动小城镇建设发展。"

2016年10月，住房和城乡建设部下发《关于公布第一批中国特色小镇名单的通知》，认定了127个镇为第一批中国特色小镇。其中，北京市3个、天津市2个、河北省4个、山西省3个、内蒙古自治区3个、辽宁省4个、吉林省3个、黑龙江省3个、上海市3个、江苏省7个、浙江省8个、安徽省5个、福建省5个、江西省4个、山东省7个、河南省4个、湖北省5个、湖南省5个、广东省6个、广西壮族自治区4个、海南省2个、重庆市4个、四川省7个、贵州省5个、云南省3个、西藏自治区2个、陕西省5个、甘肃省3个、青海省2个、宁夏回族自治区2个、新疆维吾尔自治区3个、新疆生产建设兵团1个。（已废止）

2016年12月，国家发展改革委、国家开发银行、中国光大银行、中国企业联合会、中国企业家协会、中国城镇化促进会发布《关于实施"千企千镇工程"推进美丽特色小（城）镇建设的通知》，指出"千企千镇工程"是指根据"'政府引导、企业主体、市场化运作'的新型小（城）镇创建模式，搭建小（城）镇与企业主体有效对接平台，引导社会资本参与美丽特色小（城）镇建设，促进镇企融合发展、共同成长"。（已废止）

2016年12月，住房和城乡建设部办公厅下发《关于公布第四批美丽宜居小镇、美丽宜居村庄示范名单的通知》，确定江苏省苏州市昆山市陆家镇等95个镇为美丽宜居小镇示范，贵州省遵义市湄潭县兴隆镇龙凤村等413个村为美丽宜居村庄示范。

2017年1月，住房和城乡建设部、国家开发银行发布《关于推进开发性金融支持小城镇建设的通知》，要求"加快培育1000个左右各具特色、富有活力的休闲旅游、商贸物流、现代制造、教育科技、传统文化、美丽宜居的特色小镇"，"大力支持3675个重点镇建设，提升发展质量，逐步完善一般小城镇的功能，将一批产业基础较好、基础设施水平较高的小城镇打造成特色小镇"，"着力推进大别山等集中连片贫困地区的脱贫攻坚，优先支持贫困地区基本人居卫生条件改善和建档立卡贫困户的危房改造"，"探索创新小城镇建设运营及投融资模式，充分发挥市场主体作用，打造一批具有示范意义的小城镇建设项目"。

2017 年 1 月，国家发展改革委、国家开发银行发布《关于开发性金融支持特色小（城）镇建设促进脱贫攻坚的意见》，要求"充分发挥开发性金融作用，推动金融扶贫与产业扶贫紧密衔接，夯实城镇产业基础，完善城镇服务功能，推动城乡一体化发展，通过特色小（城）镇建设带动区域性脱贫，实现特色小（城）镇持续健康发展和农村贫困人口脱贫双重目标，坚决打赢脱贫攻坚战"。（已废止）

2017 年 4 月，住房和城乡建设部、中国建设银行发布《关于推进商业金融支持小城镇建设的通知》，强调要"充分认识商业金融支持小城镇建设的重要意义"："小城镇是经济转型升级、新型城镇化建设的重要载体，在推进供给侧结构性改革、生态文明建设、城乡协调发展等方面发挥着重要作用。小城镇建设任务重、项目多、资金缺口大，迫切需要发挥市场主体作用，加大商业金融的支持力度，积极引导社会资本进入小城镇。各级住房城乡建设部门、建设银行各分行要充分认识商业金融支持小城镇建设的重要意义，坚持用新发展理念统筹指导小城镇建设，加强组织协作，创新投融资体制，加大金融支持力度，确保项目资金落地，全面提升小城镇建设水平和发展质量。"

2017 年 5 月，国家体育总局办公厅发布《关于推动运动休闲特色小镇建设工作的通知》，要求"到 2020 年，在全国扶持建设一批体育特征鲜明、文化气息浓厚、产业集聚融合、生态环境良好、惠及人民健康的运动休闲特色小镇；带动小镇所在区域体育、健康及相关产业发展，打造各具特色的运动休闲产业集聚区，形成与当地经济社会相适应、良性互动的运动休闲产业和全民健身发展格局；推动中西部贫困落后地区在整体上提升公共体育服务供给和经济社会发展水平，增加就业岗位和居民收入，推进脱贫攻坚工作"。（已废止）

2017年6月，农业部市场与经济信息司发布《关于组织开展农业特色互联网小镇建设试点工作的通知》，探索了镇域内农业农村信息化建设的有效途径、机制和模式。（已废止）

2017年7月，住房和城乡建设部发布《关于保持和彰显小镇特色若干问题的通知》，指出"保持和彰显小镇特色是落实新发展理念，加快推进绿色发展和生态文明建设的重要内容"，"各地要坚持按照绿色发展的要求，有序推进特色小镇的规划建设发展"。具体要求包括：尊重小镇现有格局、不盲目拆老街区；保持小镇宜居尺度、不盲目盖高楼；传承小镇传统文化、不盲目搬袭外来文化。（已废止）

2017年7月，国家林业局办公室发布《关于开展森林特色小镇建设试点工作的通知》，提出要"在国有林场和国有林区开展森林特色小镇建设试点工作，为全面推进森林特色小镇建设探索路子、总结经验"。该通知指出："森林特色小镇是指在森林资源丰富、生态环境良好的国有林场和国有林区林业局的场部、局址、工区等适宜地点，重点利用老旧场址工区、场房民居，通过科学规划设计、合理布局，建设接待设施齐全、基础设施完备、服务功能完善，以提供森林观光游览、休闲度假、运动养生等生态产

品与生态服务为主要特色的，融合产业、文化、旅游、社区功能的创新发展平台。"（已废止）

2017年8月，住房和城乡建设部下发《关于公布第二批全国特色小镇名单的通知》，认定了276个镇为第二批全国特色小镇。其中，北京市4个、天津市3个、河北省8个、山西省9个、内蒙古自治区9个、辽宁省9个、吉林省6个、黑龙江省8个、上海市6个、江苏省15个、浙江省15个、安徽省10个、福建省9个、江西省8个、山东省15个、河南省11个、湖北省11个、湖南省11个、广东省14个、广西壮族自治区10个、海南省5个、重庆市9个、四川省13个、贵州省10个、云南省10个、西藏自治区5个、陕西省9个、甘肃省5个、青海省4个、宁夏回族自治区5个、新疆维吾尔自治区7个、新疆生产建设兵团3个。（已废止）

2017年8月，国家体育总局办公厅发布《关于公布第一批运动休闲特色小镇试点项目名单的通知》，决定将北京市房山区张坊运动休闲特色小镇等96个项目列为第一批运动休闲特色小镇试点项目。（已废止）

2017年12月，国家发展改革委等四部委发布《关于规范推进特色小镇和特色小城镇建设的若干意见》，明确特色小镇是创新创业平台，要立足产业"特而强"特质，发展不同类型的特色小镇和特色小城镇，将二者作为推进供给侧结构性改革、经济转型升级和新型城镇化建设的重要抓手。（已废止）

2018年8月，《国家林业和草原局关于公布首批国家森林小镇建设试点名单的通知》下发，公布了首批50个国家森林小镇建设试点单位名单。（已废止）

2018 年 8 月，国家发展改革委办公厅发布《关于建立特色小镇和特色小城镇高质量发展机制的通知》，要求"建立规范纠偏机制"，"以正确把握、合理布局、防范变形走样为导向，统筹调整优化有关部门和省级现有创建机制，强化年度监测评估和动态调整，确保数量服从于质量"。（已废止）

2018 年 11 月，国家体育总局办公厅发布《关于推进运动休闲特色小镇健康发展的通知》，针对首批国家级运动休闲特色小镇试点项目调研中发现的问题，提出推进小镇健康、规范、高质量发展的相关举措，包括强化政策落实、完善协调推进机制、打造体育产业链条、发挥市场主体作用、建立典型引路机制、加强动态监测管理等。（已废止）

2019 年 3 月，国家体育总局办公厅印发《运动休闲特色小镇试点项目建设工作指南》，要求严守"四条底线"，避免"五种类型"，推进试点项目规范、健康、高质量发展。（已废止）

2019 年 3 月，国家发展改革委制定并印发《2019 年新型城镇化建设重点任务》，其中包括"支持特色小镇有序发展"。具体内容有："建立典型引路机制，坚持特色兴镇、产业建镇，坚持政府引导、企业主体、市场化运作，逐年挖掘精品特色小镇，总结推广典型经验，发挥示范引领作用；完善政银企对接服务平台，为特色产业发展及设施建设提供融资支持，为打造更多精品特色小镇提供制度土壤。建立规范纠偏机制，逐年开展监测评估，淘汰错用概念的行政建制镇、滥用概念的虚假小镇、缺失投资主体的虚拟小镇。组织制定特色小镇标准体系，适时健全支持特色小镇有序发展的体制机制和政策措施。"

2019 年 12 月，国家发展改革委等部门和单位印发《关于开

展国家城乡融合发展试验区工作的通知》，提出的试验任务包括
"搭建城乡产业协同发展平台"，即"在试验区内选择一批产业园
区或功能区，率先打造城乡产业协同发展先行区。在先行区内重
点优化提升特色小镇、特色小城镇、美丽乡村和各类农业园区，
创建一批城乡融合发展典型项目，实现城乡生产要素的跨界流动
和高效配置"。

2020年6月，国家发展改革委办公厅发布《关于公布特色小
镇典型经验和警示案例的通知》，要求各地区"深入借鉴2019年
推广的来自16个精品特色小镇的'第一轮全国特色小镇典型经
验'，学习浙江德清地理信息小镇、杭州梦想小镇、福建宁德锂
电新能源小镇、江苏句容绿色新能源小镇、山东济南中欧装备制
造小镇、黑龙江大庆赛车小镇推动新兴产业集聚发展的经验，浙
江诸暨袜艺小镇、广东深圳大浪时尚小镇、吉林长春红旗智能小
镇、广东佛山禅城陶谷小镇推动传统产业转型升级的经验，江苏
苏州苏绣小镇、云南曲靖麒麟职教小镇、吉林安图红丰矿泉水小
镇、安徽合肥三瓜公社小镇、天津杨柳青文旅小镇、江西大余丫
山小镇推动产城人文融合发展的经验"，同时"全面推动规范纠偏
和自查自纠，淘汰整改一批'问题小镇'，努力促进特色小镇走上
理性发展轨道"。

2020年9月，国家发展改革委发布《关于促进特色小镇规范
健康发展的意见》。针对部分特色小镇概念混淆、内涵不清、主导
产业薄弱等问题，该意见提出了规范管理措施，包括实行清单管
理、强化底线约束、加强激励引导、及时纠偏纠错。

2020年10月，国家发展改革委办公厅印发《县城新型城镇
化建设专项企业债券发行指引》，提出"支持区位布局合理、要素

集聚度高的产业平台（主要是中国开发区审核公告目录内的产业园区、各省份特色小镇创建名单内的特色小镇）公共配套设施建设项目，包括但不限于建设智能标准生产设施、技术研发转化设施、检验检测认证设施、职业技能培训设施、仓储集散回收设施和文化旅游体育设施等"。

2021年9月，国家发展改革委等十部委发布《关于印发全国特色小镇规范健康发展导则的通知》，明确了特色小镇的概念内涵、功能作用、产业主导。在概念内涵上，该通知指出："特色小镇是现代经济发展到一定阶段产生的新型产业布局形态，是规划用地面积一般为几平方公里的微型产业集聚区，既非行政建制镇、也非传统产业园区。特色小镇重在培育发展主导产业，吸引人才、技术、资金等先进要素集聚，具有细分高端的鲜明产业特色、产城人文融合的多元功能特征、集约高效的空间利用特点，是产业特而强、功能聚而合、形态小而美、机制新而活的新型发展空间。"在功能作用上，该通知指出："特色小镇是经济高质量发展的新平台，依托小尺度空间集聚细分产业和企业，促进土地利用效率提升、生产力布局优化和产业转型升级；是新型城镇化建设的新载体，疏解大城市中心城区非核心功能，吸纳农业转移人口进城就业生活，促进农业转移人口市民化和就近城镇化；是城乡融合发展的新支点，承接城市要素转移，支撑城乡产业协同发展。"在产业主导上，该通知指出："特色小镇应秉持少而精、少而专方向，在确实具备客观实际基础条件的前提下确立主导产业，宜工则工、宜商则商、宜农则农、宜游则游，找准优势、凸显特色，切不可重复建设、千镇一面，切不可凭空硬造、走样变形，切不可一哄而上、贪多求全。制造业发达地区可着重发展先进制造类特色小镇，先进要素集聚地区可着重发展科技创新、创意设计、数字经济及金融服务类特色小镇，拥有相应资源禀赋地区可着重发展商贸流通、文化旅游、体育运动及三产融合类特色小镇。"

2022 年 3 月，国家发展改革委发布《关于印发〈2022 年新型城镇化和城乡融合发展重点任务〉的通知》，提出要"促进特色小镇规范健康发展。推动落实《关于促进特色小镇规范健康发展意见的通知》及《关于印发全国特色小镇规范健康发展导则的通知》。健全各省份特色小镇清单管理制度，加强监测监督监管，防范处置违规行为，通报负面警示案例"。

2022 年 7 月，国家发展改革委发布《关于印发"十四五"新型城镇化实施方案的通知》，提出"促进特色小镇规范健康发展"。

2022 年 11 月，自然资源部会同有关部门编制的我国首部"多规合一"的国家级成果《全国国土空间规划纲要（2021—2035 年）》印发，形成了我国国土空间开发保护利用的可持续发展的"中国方案"。该文件强调了国家对特色小镇建设的支持政策，包括财政、用地、产业引导等多个方面。

二、有关部委和单位印发的已废止的特色小镇相关文件①

2021 年，国家发展改革委有关负责人就十部委《关于印发全国特色小镇规范健康发展导则的通知》答记者问，指出国办发〔2020〕33 号文件《关于促进特色小镇规范健康发展的意见》和发

---

① 国家发展改革委有关负责人就十部委《关于印发全国特色小镇规范健康发展导则的通知》答记者问 [EB/OL].（2021-09-29）[2024-10-30].https://www.ndrc.gov.cn/xxgk/jd/jd/202109/t20210929_1298354.html.

改规划〔2021〕1383号文件《关于印发全国特色小镇规范健康发展导则的通知》明确了特色小镇的发展导向、任务举措和政策措施，是全国特色小镇发展的基本遵循，是各有关部委、各地区和市场主体的工作依据，此前印发的文件不需要再延续。加之针对特色小镇这个新生事物，此前印发的部分文件是探索性和试验性的，一些任务举措和政策措施不再适用。综上，按照新文件覆盖旧文件的原则，应予以废止。

废止的文件介绍如下：

《住房城乡建设部、国家发展改革委、财政部关于开展特色小镇培育工作的通知》，2016年7月印发。

《国家发展改革委关于加快美丽特色小（城）镇建设的指导意见》，2016年10月印发。

《住房城乡建设部关于公布第一批中国特色小镇名单的通知》，2016年10月印发。

《国家发展改革委、国家开发银行、中国光大银行、中国企业联合会、中国企业家协会、中国城镇化促进会关于实施"千企千镇工程"推进美丽特色小（城）镇建设的通知》，2016年12月印发。

《国家发展改革委、国家开发银行关于开发性金融支持特色小（城）镇建设促进脱贫攻坚的意见》，2017年1月印发。

《体育总局办公厅关于推动运动休闲特色小镇建设工作的通知》，2017年5月印发。

《农业部市场与经济信息司关于组织开展农业特色互联网小镇建设试点工作的通知》，2017年6月印发。

《国家林业局办公室关于开展森林特色小镇建设试点工作的通

知》，2017年7月印发。

《住房城乡建设部关于保持和彰显特色小镇特色若干问题的通知》，2017年7月印发。

《住房城乡建设部关于公布第二批全国特色小镇名单的通知》，2017年8月印发。

《体育总局办公厅关于公布第一批运动休闲特色小镇试点项目名单的通知》，2017年8月印发。

《国家发展改革委、国土资源部、环境保护部、住房城乡建设部关于规范推进特色小镇和特色小城镇建设的若干意见》，2017年12月印发。

《国家林业和草原局关于公布首批国家森林小镇建设试点名单的通知》，2018年8月印发。

《国家发展改革委办公厅关于建立特色小镇和特色小城镇高质量发展机制的通知》，2018年8月印发。

《体育总局办公厅关于推进运动休闲特色小镇健康发展的通知》，2018年11月印发。

《体育总局办公厅关于印发〈运动休闲特色小镇试点项目建设工作指南〉的通知》，2019年3月印发。

第三节　特色小镇的定义、特点与类型

一、概念辨析

在各部委的相关文件中，"特色小镇"和"特色小城镇"这两种表述颇为常见，虽只有一字之差，却有明显区别。但人们在谈

论特色小镇和特色小城镇的时候，常会将两者混淆。因此，厘清特色小镇和特色小城镇的概念是非常有必要的。"在新型城镇化战略下，小城镇的发展尤其受到关注。而我国现有的小城镇大多数是经过历史的沉淀自然形成，具有一定的合理性。然而随着经济社会的发展，这些小城镇的发展逐渐暴露出很多问题，在产业升级、科技发展、人才引入、生态环境等方面都面临挑战。就是在这样的背景下，为了适应和引领经济新常态，深入贯彻新型城镇化的建设目标，'特色小镇'应运而生。"[1] 明确来说，特色小镇包括特色小镇、小城镇两种形态，"小城镇连接着城市与乡村，是促进城乡协调发展最直接、最有效的载体，也是促进农民就近就地城镇化的重要途径。近年来，小城镇成为新型城镇化建设的战略重点，特色小镇成为小城镇建设的重要方向"[2]。

（一）特色小镇

特色小镇是浙江等经济发达地区先行探索形成的一种现代经济布局形态，它既非行政建制镇，也非传统产业园区，而是规划用地面积一般为几平方公里的微型产业集聚区。特色小镇是依托不同地区的区位条件、资源禀赋、产业基础和比较优势，核心在于培育发展主导产业，以带动当地社会经济发展的创新载体。

目前，普遍认可的特色小镇是与行政建制镇和产业园区有所区分的。《全国特色小镇规范健康发展导则》明确了典型特色小镇

---

① 卫龙宝，史新杰.浙江特色小镇建设的若干思考与建议 [J].浙江社会科学，2016（3）：28-32.

② 林火灿.让特色小镇健康生长 [N].经济日报，2018-01-17.

的条件："立足一定资源禀赋或产业基础，区别于行政建制镇和产业园区，利用 1—5 平方公里左右国土空间（其中建设用地面积原则上不少于 1/2 平方公里），在差异定位和领域细分中构建小镇大产业，集聚高端要素和特色产业，兼具特色文化、特色生态和特色建筑等鲜明魅力，打造高效创业圈、宜居生活圈、繁荣商业圈、美丽生态圈，形成产业特而强、功能聚而合、形态小而美、机制新而活的新型发展空间。"

（二）特色小城镇

特色小城镇是指拥有几十平方公里以上土地和一定人口及经济规模、特色产业鲜明的，以传统行政区划为单元的行政建制镇。"以镇区常住人口 5 万以上的特大镇、镇区常住人口 3 万以上的专业特色镇为重点，兼顾多类型多形态的特色小镇，因地制宜建设美丽特色小（城）镇。"

典型特色小城镇的条件是："立足工业化城镇化发展阶段和发展潜力，打造特色鲜明的产业形态、便捷完善的设施服务、和谐宜居的美丽环境、底蕴深厚的传统文化、精简高效的体制机制，实现特色支柱产业在镇域经济中占主体地位、在国内国际市场占一定份额，拥有一批知名品牌和企业，镇区常住人口达到一定规模，带动乡村振兴能力较强，形成具有核心竞争力的行政建制镇排头兵和经济发达镇升级版。"

综上，特色小镇和特色小城镇是新型城镇化与乡村振兴的重要结合点，也是促进经济高质量发展的重要平台。特色小城镇强调的是具有行政区划概念的建制镇，特色小镇则是区别于行政建制镇和产业园区的创新创业平台。二者在概念界定与建设内涵上存在明显差异。

二、特色小镇的核心要素

特色小镇应成为推动创新、协调、绿色、开放、共享的发展理念的产业平台。在建设过程中，特色小镇需要聚焦核心功能、吸引各类人才集聚，并持续创新体制机制；需要根据自身优势精准定位，实现产业发展"特而强"、功能叠加"聚而合"、建设形态"精而美"、制度供给"活而新"。

（一）产业独特

特色小镇的主要功能是促进产业发展，助力区域经济加速实现转型升级。因此，产业是特色小镇发展的核心。特色小镇应立足本地资源禀赋优势，以产业立镇，不断围绕产业做文章，做大做强特色产业。相较于产业园区，特色小镇更加注重在特定领域内塑造竞争力。例如，浙江省杭州市西湖龙坞茶镇，通过深耕茶叶种植、加工以及茶文化传播，逐步形成了完整的产业链，从而提升了小镇的经济附加值。通过这种方式，小镇不仅能够借助本地资源优势持续提升茶叶产业的生产规模和品牌价值，还通过茶叶生产带动了小镇旅游业的协同发展，逐步形成了具有地方特色的经济发展模式。因此，特色小镇应通过产业聚焦与空间匹配、专业化产业特色叠加多元化服务功能，发挥出其在生产力布局优化过程中的优势。[1]

---

① 白小虎，陈海盛，王松．特色小镇与生产力空间布局 [J]．中共浙江省委党校学报，2016（5）：21-27.

（二）功能全面

特色小镇的建设注重生产、生活、生态的深度融合，旨在打造经济高质量发展新平台、新型城镇化建设新载体以及城乡融合发展新支点。特色小镇不仅要成为产业的集聚区，更应实现多功能叠加。这里是人们居住和工作的地方，应配备商业、教育、医疗、休闲等各种服务设施，满足居民和企业的多样化需求，既促进产业发展，又提升居民生活品质。特色小镇应该是一个"三生空间"融合的生态系统，能够提供全方位的支持和服务。成熟的特色产业、合理的功能布局、完善的城市功能、丰富的文化内涵是特色小镇提升整体实力和实现可持续发展的重要因素。例如，杭州的云栖小镇在发展云计算和大数据产业的同时，不断完善基础设施，营造宜居环境，已发展成为一个具有活力与魅力的新型城镇。

（三）集约高效

与大规模开发不同，特色小镇的空间布局通常会控制在一定的范围内。相关文件明确规定，特色小镇规划用地面积下限原则上不少于1平方公里，上限原则上不多于5平方公里。因此，通过合理的规划实现土地资源的集约高效利用显得尤为重要。同时，特色小镇在建设中还注重精致性、美观性，积极践行绿色可持续的发展模式，提升小镇的整体形象和吸引力。例如，浙江省湖州市德清县地理信息小镇，以有限的土地承载了高科技产业和相关服务业的发展，其空间上紧凑布局，功能上相对完整，既确保了土地资源的高效利用，也避免了过度开发给环境带来的负担，有助于实现经济效益与生态保护的平衡。

（四）制度创新

体制机制创新是特色小镇成功的保障，它涵盖管理机制、投融资模式、土地利用方式、创新创业支持和政策协调等方面。只有不断推动制度创新，特色小镇才能提高资源利用效率，增强发展的灵活性和可持续性，确保在激烈的市场竞争中始终保持活力和竞争力。例如，浙江省湖州市安吉县余村积极推动农村土地流转，创新了"农村集体经营性建设用地入市"的模式。村集体通过将闲置的土地使用权流转给社会资本进行生态旅游、度假产业开发，摆脱了对传统农业的过度依赖，开拓出一条全新的发展路径。

（五）环境优美

特色小镇注重对自然资源的保护利用，积极追求可持续发展。例如，特色小镇通过使用节能环保材料、发展清洁能源、推行废物处理和循环利用技术等举措，有效减少能源消耗和环境污染。不仅是旅游小镇，其他产业类型的小镇同样需要优美的生活和生态环境。这样的环境不仅有助于居民生活品质的提升，还能够吸引游客，推动当地文旅业的繁荣发展。（图 1.1、图 1.2）

图 1.1 "三生空间"融合示意（一）

图 1.2 "三生空间"融合示意（二）

三、特色小镇发展现状

（一）国内特色小镇发展现状

2014 年，"特色小镇"概念被提出；2016 年，国家发布系列政策推动各地开展特色小镇建设。此后，国内特色小镇快速发展。从建设模式来看，主要采用了"自上而下"的模式，即依靠政策引导，地方政府和企业投资驱动，形成了一批以特定产业为导向的小镇。从数量来看，政府先后认定了第一批、第二批全国特色小镇 403 个。从类型来看，国内特色小镇的发展集中在工业、农业等领域。其中，农业与工业类型特色小镇占比超过 50%，是当前特色小镇建设的主要方向。从地域分布来看，特色小镇主要集中在东部地区，且具有"总体集聚、依托经济、沿线、围城、靠景"的特征。[①]

当前，国内特色小镇的建设情况如下：

一是政策产业双驱动，发展隐患初显现。中国特色小镇的初期发展很大程度上依赖于政策引导，地方政府的支持是其发展的重要驱动力。以浙江的乌镇为例，其不仅是一个有江南古典韵味的旅游小镇，还通过大力发展互联网产业和数字经济，将"乌镇互联网大会"打造成为其特色名片。此外，许多小镇以单一产业为核心，例如贵州的茅台镇依靠酿酒产业腾飞，云南的丽江古城依托旅游业崛起。这些小镇依赖于特定的优势产业，缺乏多元化发展，存在产业结构相对单一、文化形态趋同、抗风险能力较弱

---

① 方叶林，黄震方，李经龙，等.中国特色小镇的空间分布及其产业特征[J].自然资源学报，2019（6）: 1273-1284.

的隐患，长远发展面临潜在挑战。

二是文化品牌欠沉淀，国际影响待拓展。与国外有历史沉淀的特色小镇相比，中国许多特色小镇尚处于快速发展阶段，文化积累相对不足，历史氛围的营造有模式化的趋势，品牌化、国际化程度不够。

三是居民参与意愿低，自治模式缺火候。相较于国外社区自治和居民共同参与的特色小镇治理模式，国内特色小镇更多采用"自上而下"的管理结构，由地方政府主导，居民的参与度较低，缺乏社区自治的活力。

四是生态发展起步迟，对标国际有差距。许多特色小镇在初期发展中片面追求经济增长，忽视了生态环境的保护。近年来，生态保护与可持续发展的理念逐渐渗透到特色小镇建设中，特别是在浙江、江苏等经济较为发达的省份，特色小镇逐步向绿色小镇、智慧小镇转型，但与国外的高标准仍有一定差距。

（二）国外特色小镇发展现状

国外特色小镇的发展路径主要有能人返乡创业型、家族／传统延续型、名人／文化催生型、大事件把握型、企业总部引领型、新型产业契机把握型。[①] 这为我国特色小镇探索可持续发展路径提供了借鉴。

当前，国外特色小镇建设情况如下：

一是历史为基，文化铸魂。例如，瑞士的达沃斯凭借高山滑雪资源和国际论坛的影响，形成了全球化的经济和文化标签；意

---

① 张银银，丁元. 国外特色小镇对浙江特色小镇建设的借鉴 [J]. 小城镇建设，2016（11）：29-36.

大利的锡耶纳每年会举办古老的赛马节，吸引来自全球的游客。
（图1.3）

图1.3 意大利锡耶纳贝壳广场

二是产业多元，文旅融合。例如，意大利的托斯卡纳将葡萄酒的销售作为其支柱产业，同时深度挖掘和拓展葡萄酒文化，将历史悠久的农业产品与旅游业相结合，形成了别具一格的酒庄旅游产业。当地的许多酒庄除了销售高质量的葡萄酒，还对外开放庄园参观、品酒体验、参与式酿酒等项目，使游客深度融入葡萄酒生产的全过程，深入体验葡萄酒背后的文化与工艺。与此同时，酒庄还推出葡萄酒配餐服务，游客可以在专业的指导下品尝不同种类的葡萄酒与当地美食。

三是社区自治，居民参与。国外的许多特色小镇是在历史演变中逐渐形成的，并采用一定程度的社区自治模式，当地居民参与小镇建设的意愿强烈。例如，在欧洲一些国家的小镇，居民可以通过提案系统提交建议，直接参与部分公共政策的设计。

四是生态引领，持续发展。一些北欧国家如丹麦、瑞典、挪威等，有较为先进的环保政策，居民环保意识觉醒较早，能广泛且自觉地践行垃圾分类、废物回收和循环利用，构建起人与自然和谐共生的社区生活模式。

总体而言，国内外特色小镇都存在优势，也都面临挑战。我国特色小镇数量多、类型广，尽管起步较晚，但发展势头迅猛。今后，应进一步挖掘自身特色，借鉴国外先进经验，注重产业模式创新、文化内涵塑造，提升居民的社区参与意识与生态环保理念，从而实现特色小镇国际化水平和品牌化水平的双提升。

四、特色小镇未来发展趋势

未来，特色小镇的发展仍具有巨大潜力。我们可以预见特色小镇的发展可能呈现的几个重要趋势。

一是人本化导向凸显。当前，人们对生活品质的追求日益强烈，特色小镇的发展将更加强调"以人为本"的理念，更加关注居民的需求和体验，强调人居环境的舒适性与社区凝聚力，致力于提供更加优质多元的生活服务，从而将自身打造成为居民生活的理想之地。

二是生态化理念贯穿。随着全球环境问题日益尖锐，特色小镇未来发展将会更加注重生态环保。例如，在基础设施建设和日常运营中采用太阳能、风能等清洁能源、可再生能源与环保材料，实现人居环境和自然环境的和谐共生，确保小镇发展的可持续。

三是数字化技术赋能。随着科学技术的不断进步，特色小镇的发展将更加注重科技化、智能化、数字化的运用，更加强调提升社区管理水平、服务水平以及居民生活便利度。例如，借助智能交通系统、智能安防系统、智能环保系统等智慧基础设施，实现资源的优化配置和高效运转。

五、特色小镇的主要类型

特色小镇一般具备鲜明的地域特色和产业优势，它们依托强大的支柱产业，构建起完善的产业生态链，进而塑造地域品牌，形成品牌知名度，使得地区商业市场拓展到全国甚至全球。中国幅员辽阔，各地在特色小镇的建设方面百花齐放、各具特色。

国家发展改革委等十部委 2021 年发布《关于印发全国特色小镇规范健康发展导则的通知》，其附件《主要类型特色小镇建设规范性要求》[①] 就国内主要特色小镇的类型和建设规范做了归纳和要求。文件归纳的六类特色小镇分别是先进制造类、科技创新类、创意设计类、数字经济类、金融服务类、商贸流通类。各地在进行特色小镇命名时，一般会根据小镇自身产业情况进行细化，这也就是我们熟知的特色小镇类别，如农业小镇、旅游小镇、文化小镇、工业小镇、体育小镇、互联网小镇、金融小镇、温泉小镇、知识产权小镇等类型。

（一）农业小镇

农业小镇是指以农业为主导产业的特色小镇。其显著特征介绍如下。

一是引进先进的农业技术。农业小镇注重引进先进的农业技

---

① 详见本书附录 3。

术，以此提高农产品的产量和质量。例如，引进和采用田间智能设备，种植户可以实时了解农业资讯、作物长势、灾害预警、病害百科等，使农业生产更加科学、高效。

二是打造特色农副产品。农业小镇以独特的农副产品为亮点，这些产品往往具有地方特有的口感或生产工艺，能够吸引游客和消费者。

三是营造农旅融合体验。农业小镇将农业与休闲旅游相结合，通过设置网红打卡地、推出种植、采摘等农事体验项目吸引游客。游客可参与农事生产活动，亲身体验回归田园的生活和农耕文化。

四是注重文化传承与教育。农业小镇通过举办展览展会、农产品制作、农家乐、研学游等方式传承与传播当地的农耕文化，寓教于乐，使公众加深对农业生产的认识。

五是发展产业集群。农业小镇注重农业资源整合和农业产业链条延伸，推动农业产业朝着规模化、专业化和集约化方向发展。

六是重视生态环境保护。农业小镇重视生态环境保护，采用有机耕种等环保方式，结合田间设备的运用，完成虫情测报、土壤墒情采集、农田环境信息采集、智能灌溉等工作。同时，农业小镇倡导农业生产与自然和谐共生，注重保护土壤、水源和生物多样性。

综合来看，农业小镇作为一种新兴的发展模式，在加快推进农业现代化和乡村振兴方面具有重要意义。它旨在通过数字化科技创新手段，整合农业资源，推动农业产业转型升级，增加农民收入，实现乡村的全面发展。

精选案例：山东寿光蔬菜小镇——"中国蔬菜之乡"

1. 小镇介绍

寿光蔬菜小镇位于山东潍坊的寿光市，被誉为"中国蔬菜之乡"。寿光蔬菜小镇分为六大功能区：国际种业硅谷、设施蔬菜品种展示区、国际先进种植模式种植区、蔬菜专业合作社生产区、蔬菜全程标准化生产区、农业科技创新中心。寿光蔬菜小镇在全国蔬菜种质资源、种植、技术、销售、定价、产业构建等领域占据极为重要的地位，是中国蔬菜的集散配送中心、价格形成中心和信息交易中心。每天发布的寿光蔬菜价格指数称得上中国蔬菜价格的"晴雨表"。①

2. 小镇特色

（1）创新与环保并行

寿光蔬菜小镇不拘泥于传统蔬菜种植方式，而是积极探索科技创新。例如，以椰糠和稻糠种植西红柿，这种环保高效的农业实践通过精确配比的营养液，显著提升了蔬菜的口感和品质，为传统蔬菜生产提供了新的种植思路，彰显了环保高效的农业理念。

（2）数字化与科技应用

一望无际的蔬菜大棚、穿梭于种植大棚中的农业科技设施和设备，新颖的农业技术不断刷新着人们对农耕方式的刻板印象。创办于2000年的中国（寿光）国际蔬菜科技博览会（简称"菜博会"）在每年的4—5月举办，已发展成为集展览展示、科技推广、经贸洽谈、文化交流、农业观光旅游等多种业态于一体的知名特色品牌展会。它

---

① 每经记者直击"蔬菜之乡"寿光："水涨菜价高"？当地农业局称近半个月指数只涨10%[EB/OL].（2018-08-26）[2024-10-01].https://www.nbd.com.cn/rss/toutiao/articles/1249217.html#.

致力于推动农业数字化，将自身打造成为专业化、市场化、国际化的综合性展会，并赋能现代农业高质量发展，助力乡村全面振兴。"菜博会"采用馆展与地展结合、线上与线下联动的模式，集中展示农业领域最前沿的新品种、新技术、新模式、新成果。通过"5G+VR"技术实现的"线上展览"，为参展企业提供了数字化展览的便利。

2023年的"菜博会"展示了2000多个蔬菜品种（其中新品种400多个），引进了工厂化叶菜种植模式、垂直农场、航天品种等80多个种植模式，以及一株多品种嫁接技术、蔬菜树营养液调控技术、数字网络控制技术等100多项新技术，各类新奇特蔬菜品种的极限生长潜力在这里得到充分展示。同期举办的中国（寿光）国际蔬菜种业博览会—春季品种展示交易会（简称"种博会"），分设番茄、辣椒、茄子、黄瓜、甜瓜、南瓜六大类作物展示区，参展种类涵盖名优特新蔬菜品种4164个，共有来自荷兰、法国、以色列等10多个国家的种业企业以及国内各省级科研院所、知名种企等共计405家单位参展，搭建起国际蔬菜种业展示交流、示范推广平台。①

（3）科技创新驱动现代农业发展

在寿光市村庄的土地上，到处是一片片人工搭建的"白色海洋"。20年前的"寿光模式"以"农户＋合作社"为主要的组织形式，先进的农业种植技术主要通过合作社技术指导员传播，合作社利用规模优势帮助农户销售，提高产品溢价。② 10年前，由于种质资源受制于国外技术，寿光蔬菜产业的发展受到限制。在此背景下，寿光市政府提出了"做强两端，提升中间"这一全链条提振蔬菜产业的

---

① 第二十四届中国（寿光）国际蔬菜科技博览会、2023寿光国际蔬菜种业博览会开幕[N].寿光日报，2023-04-21.
② 祁豆豆.透视"寿光模式"：全产业链打造农业科技新生态[N].上海证券报，2021-07-06.

发展方向，即前端重点做标准研发、种子研发和技术集成创新，后端重点培育特色蔬菜品牌、打通高端销售渠道，中间以合作社、家庭农场为主体构建新型组织体系，加快由传统生产基地向综合服务基地转型，抢占蔬菜全产业链"微笑曲线"的两端，全方位提升核心竞争力。"寿光模式"的组织形式也转变为"公司+合作社+家庭农场"。

寿光蔬菜小镇的成功不仅在于组织形式的创新，更在于其不拘泥于传统农耕方式，积极拥抱科技，开展国际化合作，推动农产品深加工与创新营销。这证明了其作为"中国蔬菜之乡"的实力，使其成为中国蔬菜产业的引领者。其发展路径为中国农业迈向智能化、创新化的未来指明了方向。2020 年，寿光蔬菜小镇被山东省政府列为重大项目。寿光蔬菜小镇以"五化"（标准化、品牌化、组织化、智慧化、融合化）为发展的总方向，规划建设全国设施最高端、技术最领先、装备最新型、品种最优良、运营模式最科学的蔬菜全链条标准化集成基地，旨在打造在全省乃至全国可复制、可推广的寿光蔬菜产业高质量发展新模式。①

寿光作为全国最大的设施蔬菜种植基地、蔬菜集散中心、蔬菜价格形成中心，拥有约 15.7 万个蔬菜大棚，蔬菜播种面积 4 万公顷，总产量 450 万吨，年产值 110 亿元，年交易额 200 亿元。这些大棚面积大、产量高，都配备了卷帘机、放风机、水肥一体化设备。除了农民租种的大棚，还有不少自留棚是用于蔬菜新品种的研发及试种。棚内通过环境数字传感器获取空气温度、光照强度、土壤温度、土壤湿度和二氧化碳浓度等数据，帮助技术人员对作物进行科学化管控。在寿

---

① 洛城街道办事处.中国蔬菜小镇项目被列为山东省 2020 年重大项目 [J].农业工程技术，2020（4）：77.

光，这些智能化设备早已广泛普及，农民足不出户，通过手机即可完成遥控放风、补光、加湿、浇水、施肥等工作，每个蔬菜大棚节约劳动力 30%，亩产效益提高 20%。寿光通过农业技术改革，大幅度提升了村集体的收入和村民人均年收入。[①]

3. 总结

寿光蔬菜小镇以其全方位的实力成为"中国农业硅谷"，在农业技术创新和智能控制方面取得显著成效。在生产环节，借助水肥一体化和物联网技术的支持，农民能够实现远程农业管理，提高了生产效率。除了注重生产环节，寿光蔬菜小镇还在农产品的深加工与创新营销上发力，与阿里巴巴和京东等开展合作，在电商平台设立了"寿光原产地商品官方旗舰店"。通过建设现代智慧供应链，寿光蔬菜小镇成功打通了线上优质生鲜蔬菜从"基地"到"餐桌"的直供通道。在合作交流方面，寿光蔬菜小镇积极开展国际化合作，推动技术创新和品种改良。在农业教育和人才培养上，寿光蔬菜小镇与院校、研究机构合作，面向农民开展现代化农业技术培训，既为行业培养了技术骨干，也推动了当地农业的可持续发展。[②]

（二）旅游小镇

旅游小镇是以旅游为主导产业的特色小镇。其显著特征介绍如下。

一是拥有深厚的文化底蕴。旅游小镇通常扎根于当地独特的历史文化，如特殊的手工艺传统、独特的语言和文学传统等。这种文化底蕴往往会成为吸引游客的独特卖点，使游客能够在旅行

---

① 王瑾. "寿光模式"中的科技力量 [N]. 中国财经报，2024-01-18.
② 祁豆豆. 透视"寿光模式"：全产业链打造农业科技新生态 [N]. 上海证券报，2021-07-06.

中深入了解当地的文化和风情。

二是拥有保存完好的古建筑。旅游小镇通常拥有保存完好的或经过精心修复的古老建筑，这些建筑体现了不同时代的建筑风格和工艺。游客可以在此漫步，感受传统文化与现代文化的碰撞。

三是拥有优美的自然景观。旅游小镇一般位于风景宜人的自然环境中，山脉、湖泊、河流等自然元素赋予了小镇独特的自然风光。这不仅为游客提供了休闲和户外活动的机会，也赋予旅游小镇独特的景观价值。

四是拥有特色化的地方产业。旅游小镇的经济核心通常是与地方特色紧密相关的产业。这些产业在满足游客对特色产品需求的同时，拓宽了当地农民的增收渠道，促进了区域经济的发展。

五是积极投入文化保护实践。为了吸引游客，旅游小镇通常会开展各种文化体验活动，例如传统舞蹈表演、手工艺品制作、文化节庆等。这些活动能吸引游客深度体验小镇文化。同时，面对日益增长的旅游需求，旅游小镇会采取一系列可持续发展的举措，例如限制游客数量、加强生态环境保护、实施古建筑修护政策等。通过平衡旅游业的发展和文化保护之间的关系，确保小镇在长远发展中保持活力。

综合来看，旅游小镇通过整合文化、历史和自然元素，创造了独特的旅游体验，既满足了游客对于休闲和娱乐的需求，也为当地文化的传承与发展筑牢了根基，更为地方经济的繁荣注入了源源不断的动力。

（三）文化小镇

文化小镇是指以文化为主导产业的特色小镇。其显著特征介绍如下。

一是汇聚多元的文化形式。文化小镇以多元的文化形式为特色，包括艺术、音乐、文学、手工艺、表演艺术等。丰富的文化体验让拥有不同兴趣爱好的游客纷至沓来。

二是营造浓厚的艺术氛围。文化小镇注重营造浓厚的艺术氛围，吸引艺术家、作家、音乐家等文化创意从业者在文化小镇开展创作，为小镇注入文化活力。

三是拓展丰富的文化节庆。文化小镇举办的各种文化节庆和体验活动，如音乐节、艺术展览、文学讲座等，不仅能丰富小镇的文化生活，还能成为小镇的文化名片，让小镇成为文化交流与传播的热门地。

四是注重文化传承与教育。文化小镇重视文化遗产的保护与传承，包括历史建筑、传统工艺等的保护与传承。这些遗产资源如同小镇的灵魂，承载着深厚的地域文化和历史底蕴。文化小镇提供文化教育和培训机会，如艺术学校、工作坊等，培养新一代艺术家和文化从业者，推动文化传承与创新。

五是大力发展文化创意产业。文化小镇注重发展文化创意产业，如艺术品销售、手工艺制作等，这为小镇带来了经济效益，创造了就业机会，并成为文化创新与传播的重要载体。

综合来看，文化小镇凭借丰富多彩的文化生活、浓厚的艺术氛围和具有特色的文化创意产业，成为文化爱好者和游客的热门目的地。如今，文化小镇发展又有了新变化，相较于过去单一的文化小镇或旅游小镇，人们更倾向于将文化和旅游元素相结合，打造复合型的文旅小镇。这种模式丰富了旅游产品的类型，给游客带来了深度体验，实现了经济效益和社会效益的双赢，引领着小镇的发展迈向新的高度。

精选案例：浙江杭州南宋皇城小镇

1. 小镇介绍

南宋皇城小镇（清河坊历史文化特色街区）位于浙江省杭州市上城区，是南宋临安皇城遗址所在区域。小镇毗邻世界文化遗产西湖景区，以南宋皇城遗址和清河坊历史文化特色街区为核心，总规划面积3.1平方公里。小镇位于杭州主城区中心，有便利的交通区位优势，有地铁7号线及公交车等公共交通网络。小镇由吴山广场、河坊街、南宋御街三个区块组成，深刻体现了皇家文化和市井文化的完美融合。（图1.4、图1.5）

小镇承载着南宋150多年风雨飘摇的历史记忆，走进鼓楼城墙就是小镇。南宋御街与河坊街相连，建筑都是明清仿古样式，在古色古香的街巷中，各类店铺林立。胡庆余堂、方回春堂、景阳观酱菜、万隆火腿等中华老字号彰显着传统商业的魅力；于谦、胡雪岩等名人的故居讲述着历史的故事，还有非遗走廊、手工创意摊位、小吃茶饮店这样的市井店铺，让游客在游览休闲中尽享传统文化和现代活力的交融。

图1.4　南宋皇城小镇（一）　　　图1.5　南宋皇城小镇（二）

2. 小镇特色

南宋皇城小镇以其丰富的历史文化资源而闻名，包括国家级景区清河坊·南宋御街、小营·江南红巷等。小镇聚集了数十家文创企业和基地，例如南宋记忆馆、南宋御街陈列馆、非遗巷子、文艺站点、城市空间等特色场馆，能够帮助游客快速了解杭州特色，是传承和弘扬地方文化的重要窗口。河坊街、御街、五柳巷等区域集聚了中医药、特色美食等各级各类非物质文化遗产代表性项目 49 个，拥有 42 个文化与旅游体验点，例如胡庆余堂中药文化、方回春堂传统膏方制作技艺、朱炳仁铜雕、张小泉剪刀锻制技艺等，让游客能亲身感受传统文化的魅力。此外，凤凰寺这样的特色建筑与其他众多文化元素共同形成了以"南宋皇家文化"为主题的复合型旅游小镇。（图 1.6）

图 1.6　街区内传统的中医药堂与年轻人喜欢的潮流店铺遥相呼应

3. 生产、生活、生态空间的协同发展

小镇通过保护南宋历史文化遗产，利用仿古明清建筑用作商业经营，实现特色街区可持续发展，促进了小镇的经济繁荣和社会和谐。便利的交通区位为小镇带来了旺盛人气，小镇因此成为杭州高密度顾客群区域之一。这为小镇的产业发展积累了优势。

（1）生产空间

南宋皇城小镇主要是通过商业经营性店铺创造经济价值。从小镇入口鼓楼城墙出发，步行大约 20 分钟即可到达西湖景区。南宋皇城小镇是一个具有历史底蕴和现代创意的特色步行街区，整个生产经营呈现古今观照的状态，有中国传统文化店铺，也有年轻人的潮流店。小镇通过挖掘传统手工艺技艺，结合现代设计理念和旅游市场需求，打造了独具特色的商业生态，实现了传统文化与现代经济的有机结合。

（2）生活空间

南宋皇城小镇店铺林立，人声鼎沸，具有传统市井的腔调。小镇街区是步行商业街模式，鼓励游客在街区步行游览。在小镇街区步行道两侧还有景观流水、景观雕塑、绿色植被覆盖，民众在具有年代感的建筑陈设中，可休闲漫步，可品味宋韵文化，仿若在城市中央寻觅了一处烟火气十足的江南街景画卷。小镇会举办汉风市集等文化活动，丰富小镇居民和游客的生活。除此之外，小镇位于杭州中心城区，周边是居民区、医院、学校、商业、酒店等，生活配套齐全，给居民和游客提供了极大的便利。例如，坐落在小镇的杭州市中医院国医馆就是小镇与市级医院为方便居民就医而合作修建的。这样的生活空间就像是位于繁华市井中的文化乐土。

（3）生态空间

南宋御街陈列馆作为游客了解小镇的一个重要窗口，在南宋皇城遗址上修建而成。游客在陈列馆的玻璃步道上向下可以清晰地看到南宋御街原址的道路遗迹，感受历史的沧桑变迁。此外，小镇注重文物建筑的保护，将其他建筑也修缮成仿古建筑样式，展现了传统文化特色与小镇的融合。小镇与中国美术学院合作设计的景观雕塑随处可见，例如"杭州九墙""太湖房"等，以及街上的景观墙面、游人步道上的景观雕塑、水流中的景观石，不仅增添了艺术氛围，点缀着御街，还讲述着各自的故事。小镇在绿化植被经营上与西湖高度匹配，充分营造了"江南水乡"的独特生态环境。（图1.7、图1.8）

图 1.7　南宋御街游人步道景观（一）　　图 1.8　南宋御街游人步道景观（二）

4. 总结

南宋皇城小镇在人间天堂杭州市中心，地理优势显著，文化底蕴深厚，体现了"考古＋文化＋市井"的小镇发展模式。小镇未来的发展，应紧抓"特"字，深耕小镇南宋历史文化基因，进一步深入挖掘、探索丰富的历史文化资源，强化南宋太庙遗址、皇城根、市井弄堂等文化标签，打造以宋韵文化为基调的创意产业特色文化。同时，借助杭州旅游文化名城的优势加大招商引资力度，使现有的商业街模式更具"承南宋古韵，揽市井风情"的宋韵特色，在传承历史文化基础上，实现经济与文化的可持续发展。

（四）工业小镇

工业小镇是指以工业为主导产业的特色小镇。其显著特征介绍如下。

一是专业化。工业小镇通常聚焦于某一具体的产业领域，例如小商品市场、纺织业、制造业等，这种专业化有助于小镇形成竞争优势，吸引相关行业的从业者，并使产业内部分工协作更精细，极大地提升了生产效率。

二是国际化。一些工业小镇在其领域内具有全球性的影响力，成为国际贸易和商业交流的重要枢纽，吸引了来自世界各地的采购商，促进了全球资源的高度配置与产业的跨国合作。

三是高端化。工业小镇注重科技创新和高端制造，通过引入前沿的生产技术和先进工艺，不断提高产品质量、降低生产成本，吸引更多的制造商和头部企业入驻，形成了强大的产业磁力。

四是集群化。工业小镇往往形成产业集群，各类相关产业和供应链企业相互依存、协同发展。这有助于降低运输和交易成本，提高产业效益。工业小镇通常设有大型市场和交易中心，便于进行商贸活动，让商贸往来更加便捷高效。

五是现代化。工业尤其是高新技术产业比较依赖现代化基础设施，工业小镇往往能带动所在区域城市化程度的提高、基础设施和交通网络的完善，这有助于满足企业和居民的多样化需求，提升小镇的综合吸引力和市场竞争力。

综合来看，工业小镇通过其专业化优势、全球影响力、高端制造等要素吸引了大量商业资源。例如福建晋江鞋业小镇是全国最大的鞋产品生产、加工、贸易基地，被誉为"中国鞋都"。小镇因其鞋业产业的集聚和发展，有力推动区域经济的增长和城镇化水平的提升。

（五）体育小镇

体育小镇是以运动休闲为主导产业的特色小镇。其显著特征介绍如下。

一是打造独特的体育文化。体育小镇注重传承体育文化，例如嵊州足球小镇以足球为核心，培育独特的足球文化，并赋予足球运动新的内涵。居民通过参与各类足球运动，在强身健体的同时，丰富了精神文化生活。

二是拓展运动培训与赛事。体育小镇通过建立完善的体育项目培训体系，吸引俱乐部、教练团队和运动员。这不仅提升了本地体育队伍的竞技水平，也为国家输送了体育人才。定期举办的各类赛事则为小镇带来了更高的关注度。

三是以运动休闲撬动经济发展。体育小镇是以运动、休闲产业为主导，多种关联产业融合发展的空间区域。它包括赛事型、培训型、娱乐型、健康型、智能制造型和文化民俗型等[①]，这些生产要素为小镇带来了经济收益，也为乡村振兴提供了新思路。

四是注重体育教育与健康生活。体育小镇设有与体育相关的学校和培训机构，其通过选拔优秀的青少年体育人才，促进教育多元化发展。体育小镇通过提供健身设施和健康服务，让居民享受健康生活，提升了生活品质。

综合来看，体育小镇以体育为基，在传承文化、发展产业、促进教育和保障健康方面协同发力，展现了体育产业巨大的发展潜力和广阔的发展前景。

（六）互联网小镇

互联网小镇是指以互联网为主导产业的特色小镇。其显著特征介绍如下。

一是拥有独特的互联网文化。互联网小镇不仅注重技术创新，更强调文化创新。通过营造开放、自由的产业环境，互联网企业可以更好地进行技术攻关和商业模式创新。例如，杭州梦想小镇拥有浓厚的创新创业氛围，成为年轻人创业创新的集聚地。互联

---

① 张雷. 运动休闲特色小镇：概念、类型与发展路径 [J]. 体育科学，2018（1）：18-26，41.

网小镇强调开放与协作，通过技术和信息的共享来提升企业间的协同效应。这种模式有助于推动整个产业链的升级。

二是以龙头企业为引领。大企业的存在是关键。以杭州云栖小镇为例，阿里巴巴的总部不仅吸引了大量科技企业，也吸引了全球范围内的高端技术人才，这些人才是推动科技创新和技术发展的核心动力。同时，阿里巴巴的生态系统效应带动了周边中小型企业和初创企业的快速成长，形成了以阿里巴巴为中心的互联网产业集群。

三是致力于创业生态系统的建设。互联网小镇能快速发展，关键在于完善的创业生态系统。互联网小镇不仅为初创企业提供基础设施支持，还通过孵化器、加速器以及政策优惠，为初创企业提供全方位的支持。这种创业氛围吸引了全球范围内的创业者。例如，南京的未来网络小镇，为科技创新企业提供技术研发环境、政策支持以及与资本市场对接的机会，帮助企业快速成长。

四是致力于数字化城市治理。互联网小镇在城市管理上通过大数据和智能技术，实现高效的数字化治理。例如，通过大数据分析等技术提升公共服务的效率，提升了居民的生活质量，小镇本身也成为数字时代城市治理的先锋。

五是致力于人才培养与引进。互联网小镇通过与高校、科研机构的合作，设立产学研基地，确保人才培养与产业需求紧密对接。互联网小镇往往会出台相关的人才政策，如住房补贴、创业资金等，吸引高端人才长期扎根，为当地互联网产业发展提供源源不断的智力支撑。

综合来看，互联网小镇以创新为引领，关注前沿技术和高新产业的发展，形成了一个系统化、可持续发展的产业生态，其独

特的开放性、互动性、多元性、包容性以及快速迭代性都是催生
互联网文化产业的因素。互联网小镇具备长期发展的潜力和强大
的生命力,已成为区域经济发展的新引擎。

(七)金融小镇

金融小镇是指以金融为主导产业的特色小镇。其显著特征介
绍如下。

一是产业高度集聚。金融小镇聚焦金融领域,形成了具有深
度和广度的产业链条。这种集聚能够带来协同效应,使得不同类
型的金融机构(如银行、证券公司、保险公司、基金管理公司等)
在同一区域内运作,实现了相互间的业务合作与资源共享。产业
集聚不仅有助于提高运营效率,还能形成较为完整的金融生态环
境,为新兴金融企业和创业公司提供良好的成长沃土。

二是金融文化独特。金融文化主要体现在从业者的高效沟通、
对市场信息的敏锐性,以及对风险管理的独特见解上。这种文化
氛围有助于提升整个行业的市场应对能力,促进从业人员之间的
经验分享和沟通学习,从而加快金融创新的步伐。

三是金融机构和高端人才汇聚。金融小镇充分发挥杠杆作用,
优惠的税收政策、透明的法规政策、完善的金融基础设施,合力
营造了具有吸引力的工作环境。

四是金融科技创新持续涌现。金融小镇的可持续发展离不开
金融科技的支持。数字化金融服务、区块链、人工智能等新技术
的广泛应用,不仅有效提升了金融服务的效率和准确度,也为整
个金融行业带来了新的机遇。例如,杭州未来科技城积极推动区
块链、数字支付技术的应用,成为金融科技创新的典范,引领了

行业发展潮流。

五是金融产业与实体经济紧密联动。金融小镇通过与实体经济的紧密联动，使金融资源精准投向实体产业的关键领域和薄弱环节，使金融资本的配置更高效，促进了当地产业的转型升级，从而推动区域经济增长。

六是跨文化交流频繁。金融小镇国际化业务的开展能带来跨文化交流和商业合作的机会。诸多的商务活动在营造小镇的金融文化氛围的同时提升了小镇金融服务的国际化水平，促进了金融理念和技术的交流与进步。

综合来看，金融小镇不是金融机构和企业的简单聚集，它有独特的发展模式和多元功能属性，它不仅是区域经济发展的重要引擎，也是推动金融交流合作的重要平台。

（八）康养小镇

康养小镇是指以温泉为主导产业的特色小镇。其显著特征介绍如下。

一是以温泉产业为主导。温泉是康养小镇的主导产业，康养小镇围绕温泉建立完整的产业链，包括温泉疗养、温泉相关产品的生产与销售等。因此，温泉的健康疗效成为康养小镇的重要卖点。同时，温泉产业的发展会带动相关行业的繁荣，如住宿、餐饮、康复医疗等服务的配套提升，形成一个完整的温泉经济生态圈。

二是提供优质的康养服务。康养小镇的核心吸引力还在于其多元化的康养服务，这些服务涵盖温泉疗养、健康体检、针灸推拿、瑜伽冥想、养生膳食等综合性康体项目。许多小镇会携手知名医疗机构或健康品牌，推出量身定制的健康管理方案，服务不同年龄段、不同健康需求的游客。康养小镇的服务强调"身、心、灵"全方位的呵护，帮助游客在小镇中寻求休闲愉悦的体验和身心的和谐。这种服务模式往往吸引大量高端游客，尤其是对健康、养生有着强烈需求的中老年群体和亚健康人群。

三是拥有极强的旅游吸引力。康养小镇一般依托天然优渥的自然风光，旅游资源极为丰富。因此，小镇往往既是健康养生的目的地，还是多元化的旅游胜地，小镇周边的自然景观，如山川、湖泊和森林，为游客提供了徒步、骑行、生态观光等户外活动的机会。这种康养与旅游相结合的模式，延长了游客的停留时间，显著提升了当地的经济收入。

四是注重生态环境保护。康养小镇一般位于自然风景区内，对生态环境的要求比较高，为了维持小镇的自然资源和康养优势，当地政府和企业通常会采取严格的生态保护措施，如限制过度开发、控制污染排放、加强水资源管理、设立生态保护区、禁止大型基础设施建设，以及推进绿色建筑、清洁能源利用等。这既提升了整体康养体验，也保护了自然生态环境。

五是拥有和谐的社区氛围与文化。康养小镇不仅是游客的疗养胜地，也是居民生活的健康社区。小镇内的康养理念不仅影响游客的短期体验，也在潜移默化中引导着居民的生活方式朝更加健康、环保的方向发展。例如，小镇会组织健康饮食教学、健身活动等，鼓励居民和游客共同参与，增强身心健康，营造和谐融洽的社区氛围。

六是投资与产业链协同发展。康养产业的发展需要大量资金的投入，用于建设高品质的康养中心、度假村、酒店等配套设施。

此外，围绕康养主题，逐渐形成了涵盖健康产品研发、康养地产、健康教育等领域的完整产业链。完善的基础设施、优质的康养服务、提升了康养小镇的市场竞争力，也为当地居民提供了更好的就业机会。

综合来看，康养小镇凭借其独特的自然资源、优质的康养服务和多样化的旅游项目，形成了良好的产业体系，促进了当地经济的繁荣发展，提升了居民与游客的健康福祉。这种集健康、旅游、文化于一体的发展模式使康养小镇的发展前景更加广阔。

（九）知识产权小镇

知识产权小镇是指以知识产权为主导产业的特色小镇。其显著特征介绍如下。

一是聚焦知识产权产业。知识产权小镇将知识产权作为核心产业，鼓励企业和个人积极投入知识产权领域，通过聚集专利、商标、著作权和专有技术等知识产权资产，推动企业从单纯的产品竞争转向知识产权竞争，形成基于知识产权的经济发展模式。

二是重视知识产权文化。知识产权小镇通过举办论坛、知识产权博览会、讲座等方式，大力倡导尊重知识、保护创新的社会风尚，使公众和企业深入了解知识产权的重要性。

三是注重科技创新与研发。知识产权小镇重视科技创新，建立了从基础研究到应用研究的完整的科技创新链条。知识产权小镇会通过设立孵化器、加速器等平台，帮助初创企业快速将创新成果转化为实际生产力。

四是持续完善知识产权服务。卓越的知识产权服务是知识产权小镇的关键竞争力之一。知识产权小镇提供知识产权评估、管理、咨询等一整套服务体系，帮助企业申请专利，高效地进行知识产权运营与交易，为企业创新发展保驾护航。

五是持续加强法律和政策保障。政府部门通过制定优惠政策和建立知识产权保护的法律框架，为企业提供稳定的发展环境，支持创新型企业的发展。政府部门还通过建立快速维权渠道、设立知识产权法庭等手段，为企业提供及时的法律援助，确保创新成果得到全面保护。

综合来看，知识产权小镇通过整合知识产权保护、科技创新和产业发展的多重优势，形成了一个以知识产权为核心的生态系统。这不仅为企业提供了良好的发展环境，也为科技人才提供了广阔的舞台，对推动区域创新发展有重要作用。

为了更好地了解特色小镇的类型和数量，本书抽取了江苏省、浙江省的特色小镇情况进行分析。

截至 2024 年，浙江全省 11 个市已命名的特色小镇有 22 个，列入创建名单中的小镇有 110 个，正在培育中的小镇有 62 个。这 194 个特色小镇主要分为 8 个类型：高端装备制造小镇，41 个；数字经济小镇，41 个；时尚小镇，27 个；环保小镇，8 个；健康小镇，12 个；金融小镇，11 个；旅游小镇，40 个；历史经典小镇，14 个。[①]

截至 2024 年，江苏全省 13 个市已命名的特色小镇有 89 个，主要分为 7 个类型：高端制造小镇，27 个；新一代信息技术小镇，10 个；创意创业小镇，15 个；健康养老小镇，5 个；现代农业小镇，

---

① 数据来源于浙江特色小镇官网（http://tsxz.zjol.com.cn/#ditu）。

3 个；历史经典小镇，8 个；旅游风情小镇，21 个。[①]

通过浙江、江苏两个省份的特色小镇数据可知，高端装备制造类特色小镇数量最多。经济基础、人口密度、产业集群创新和城镇化水平是影响特色小镇分布的主要因素。[②] 未来，可能会出现更多的以科技、创新为特色的小镇，这些小镇将依托先进的科技和创新资源，形成独特的产业优势，成为推动小镇经济与社会发展的引擎。同时，也可能会出现更多的以人文、生态为特色的小镇，丰富的人文资源和优美的生态环境更能满足当下社会人们的休闲娱乐需求。

综合来看，特色小镇的发展关键在于"特色"二字。凡知名的特色小镇都具备共同的特质：以其独特的地域标签和强大的产业集群效应，推动了地区的经济社会的发展，提升了地区的品牌影响力，也不断夯实了自身的发展根基。

---

① 数据来源于江苏特色小镇官网（www.jstsxz.com）。
② 谢宏，李颖灏，韦有义.浙江省特色小镇的空间结构特征及影响因素研究 [J]. 地理科学，2018（8）：1283-1291.

第二章

"三生空间"概述

第一节 "三生空间"的概念与内涵

一、"三生空间"概述

"三生空间"概念的提出最初是为了深入研究和理解城市的多维演化过程，以更好地指导城市规划和建设。它试图探讨城市空间结构的演变、城市发展的动力机制以及城市可持续发展的路径，为城市规划和管理提供更科学、综合的理论基础，促进城市的合理发展。

随着城镇化进程的加速和社会经济的发展，"三生空间"概念逐渐从国土规划领域延伸应用到特色小镇建设等领域。这一演变既丰富了其理论内涵，也提高了其实际应用的可操作性。

一般而言，特色小镇中的"三生空间"通常指生产空间、生活空间和生态空间的有机结合，强调在小镇建设中综合考虑自然环境、人居生活和经济发展三个维度，以实现特色小镇的可持续发展并提高居民生活质量。

  "三生空间"本质上是一个"多规合一"体系，是城乡规划、土地利用总体规划、国民经济和社会发展规划、其他专项规划的综合考虑，最终达到土地利用、产业结构和生态环境方面取得显著改善的目的。生产空间、生活空间、生态空间之间是相互关联和相互制约的。例如，通过调整农田布局和引导农业产业升级，实现生产空间的高效利用；通过加强基础设施建设和社区服务配套，提高人居生活水平；通过加强农田保护和水资源管理，实现生态空间的可持续发展。

  生产空间主要关注经济发展，涉及工业、商业等生产经济活动发生的区域。在"三生空间"的概念演变中，生产空间的规划逐渐考虑了资源利用效率、产业结构升级等因素。

  生活空间主要关注社会服务和人居环境，涉及人们的居住、文化、娱乐等生活领域。在"三生空间"的概念演变中，生活空间的规划对居住环境质量和社区建设等方面更为重视。

  生态空间主要关注自然资源的保护和环境的可持续性，强调自然生态环境的保护和恢复，包括生态保护区、绿地等。在"三生空间"的概念演变中，生态空间的规划日益关注生态平衡、生物多样性保护等方面。

  需要注意的是，具备"产城人文"融合的多元功能是特色小镇"三生空间"的显著特征。特色小镇相关政策文件对"三生空间"的相关指标提出了明确要求：

  在建设边界方面，特色小镇规划用地面积下限原则上不少于1平方公里，规划用地面积上限原则上不多于5平方公里，规划用地中建设用地面积原则上不少于1/2平方公里。

  在住宅用地方面，参考2019年全国城镇的建设用地中住宅用地占比约38%的数值，按照从严从紧原则将特色小镇的住宅用地占比设置为原则上不超过30%。

在风貌形态方面，特色小镇绿化覆盖率原则上不低于30%。控制适宜的建筑体量和高度，落实容积率管控要求，体现建筑外观风格特色化和整体性；注重塑造能体现特色小镇风格的风貌形态，使建筑外观能融入整体的空间布局与景观设计中。（图2.1）

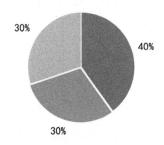

■生产空间　■生活空间（住宅用地）　■生态空间（绿化覆盖率）

图2.1　"三生空间"用地规划面积分配比例

当前，特色小镇"三生空间"的规划与实践仍面临着一些挑战。首先，特色小镇的发展需要平衡生产、生活和生态空间，但在实际操作中，各个空间之间相互制约和矛盾。因此，如何实现这三个空间的协调发展是一个亟待解决的问题。其次，特色小镇的规划需要充分考虑当地的产业、文化、历史和自然环境，而这些因素在不同地域之间存在差异。因此，如何在保持小镇鲜明特色的同时融入"三生空间"理念，需要深入研究。最后，特色小镇在发展过程中还面临着资源配置不均、基础设施滞后等问题。因此，如何在规划中充分考虑各个空间的需求，使其能够可持续发展，是需要下功夫、花力气的。

为应对上述挑战，特色小镇"三生空间"的发展需要采取有针对性的措施。一是加强跨学科研究，将地理学、规划学、经济学等多个学科的理论和方法相结合，形成更为完善的"三生空间"理论体系，这有助于更好地解决不同空间之间的矛盾与冲突。二是加强实践案例的总结与分享，通过梳理国内外特色小镇的成功经验，提炼出通用的规划和管理经验，为其他特色小镇提供可行的参考和借鉴。三是加强政府、企业和社会各界合作，形成多方参与、多方共赢的发展模式。政府提供政策支持和规划引导，企业投入资源和技术，社会各界参与决策和监督，共同推动特色小镇"三生空间"融合发展。通过这些努力，特色小镇"三生空间"的发展将更加科学、更可持续。

二、"三生空间"的内涵

特色小镇除了强调"特色"，还强调创新、协调、绿色、开放、共享的发展理念。随着新型城镇化战略的深入推进，特色小镇的发展进入了新的阶段——更倾向于建设"宜业、宜居、宜游"的特色小镇，强调把城镇"生产、生活、生态"进行功能性融合。（图2.2、图2.3）

特色小镇的发展强调因地制宜，目标是建设成为特色鲜明、产城融合、充满魅力的小镇。中国特色小镇有明确的产业定位、文化内涵和社区功能，既有领军特色产业，又具备居住和服务功能。特色小镇注重体现"安居乐业"，满足居民在小镇的工作、居住、生活三方面的需求，由此构建出特色小镇的"三生空间"。

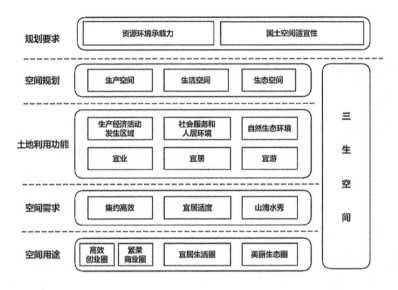

图 2.2 "三生空间"规划示意

图 2.3 "三生空间"区块类型示意

（一）生产空间

生产空间是特色小镇中产业活动的核心载体，是特色小镇经济发展的主要驱动力。在特色小镇建设过程中，科学合理地规划生产空间，不仅能够增强产业的集聚效应，还能为居民提供更广阔的就业平台和创业空间，助力特色小镇实现经济繁荣和可持续

发展。生产空间的规划不仅局限于特色小镇自身的优势定位和主
导产业，更要与区域发展战略紧密相连，重视产业链的延伸与整
合。同时，通过科学布局工业园区、科技创新基地、农业示范区
等功能区域，形成产业的联动发展效应。此外，绿色发展和创新
驱动也应成为生产空间规划的核心指导原则。以下是具体的策略
建议：

1. 精准定位

特色小镇的生产空间规划必须紧密围绕小镇的整体定位，结
合地方资源禀赋与市场需求，明确主导产业的发展方向和目标。
例如，浙江乌镇作为历史文化名镇，以其独特的水乡风貌和文化
底蕴为基础，构建起"互联网 + 文化"的双核产业发展模式。通
过高起点规划，乌镇不仅成功引入了互联网产业园区，重点发展
互联网技术、数字文化创意等高附加值的高端服务业，还凭借每
年举办的世界互联网大会，提升了其在全球的知名度与影响力。
乌镇的成功不仅体现在文化与科技的完美融合上，更重要的是通
过科学布局生产空间，推动了高科技企业的集聚发展，使互联网
产业与文化旅游产业形成了强大的产业互补与协同效应，达成经
济与文化的双重繁荣，为其他特色小镇提供了有益的借鉴。

2. 践行绿色发展理念

特色小镇的生产空间规划须积极融入绿色发展理念，保障经
济活动的可持续性。在生产空间的规划过程中，应充分考虑生态
环境的承载能力，注重节能减排和资源的高效利用，防止过度开
发导致生态破坏。一个典型的案例是福建长汀县的水土流失治理。
长汀曾因严重的水土流失被称为"火焰山"，但其经过多年的生态
修复与资源保护，成功转型为环境友好型特色小镇。当地政府通

过生态修复措施，如植树造林、推广生态农业和治理水土流失，不仅保护了生态环境，还大力发展了现代农业和生态旅游，形成了"绿色富民产业"。长汀的经验表明，只有坚持绿色发展理念，平衡好经济发展与生态的关系，才能在生产空间建设中实现经济的可持续增长。

3. 坚持创新驱动

创新是特色小镇迈向高质量发展的核心动力，生产空间的规划应充分释放创新技术的引领效能，打造适应现代经济发展趋势的新型产业集群。特色小镇不仅要注重硬件设施的完善，更需要通过科技创新驱动产业升级，进而提升产业链的附加值。例如，贵州安顺黄果树旅游小镇通过积极引入智慧旅游和数字农业技术，深度融合"旅游 + 农业 + 文化"，打造出了独具特色的产业发展模式。黄果树小镇不仅利用科技手段提升旅游体验，还利用旅游平台带动农副产品的销售，推动当地农产品的品牌化与市场化，这种创新驱动的发展模式，使得传统农业与现代旅游业高度融合，形成了强大的经济拉动效应。

4. 提供优质服务

特色小镇的生产空间建设还注重公共服务配套的完善，例如提升医疗、教育、交通等基础设施的质量，为居民和游客提供优质的生活与旅游体验。这种软硬件结合的创新发展方式，充分展现了特色小镇在产业融合与创新服务上的独特优势。

（二）生活空间

生活空间是指特色小镇中居民日常居住与活动的主要场所，是居民幸福感和生活质量的重要保障。科学规划和合理设计生活

空间，不仅可以提升居民的生活水平，还能吸引外来人口定居与
游客观光。因此，打造优质的生活空间需要从住房、教育、医疗、
文化等多维度入手，为居民提供全面的服务和舒适的生活环境。
以下是具体的策略建议：

1. 优化整体空间布局

在规划特色小镇时，合理进行功能分区是首要任务。生活空
间应与生产空间、生态空间等协调布局，避免空间的无序发展。
各功能区之间应通过便捷的交通和步行系统进行有机连接，确保
居民日常生活的便利性。例如，浙江安吉鲁家村就通过合理的功
能分区，将生态农业、民宿旅游、居住区和文化体验区巧妙结合，
既加强了生态环境的保护，又提供了多元化的生活与工作空间，
形成了功能协调、布局合理的村镇形态。

2. 构建多样化居住空间

在生活空间规划中，应将居住区的多样化列入重要考量因素，
这种多样化可以通过建设不同类型的住宅来实现。同时，应兼顾
当地的建筑风格，保留原初文化特色，避免大拆大建、"平地起高
楼"。例如，贵州西江千户苗寨居住空间的规划既保留了苗族特色
的吊脚楼建筑，又通过引入现代化基础设施、建设标准化体系、
完善"吃、住、行、游、购、娱"配套要素，改善了居民生活条
件，展现了特色小镇在文化传承保护与生活品质提升上的平衡。

3. 完善公共服务设施

高质量的公共服务设施是小镇居民生活质量的重要保障。教
育、医疗、文化、体育等设施在生活空间中扮演着不可或缺的角
色。特色小镇需要配备适当规模的学校、医院、文化中心、图书
馆、社区中心等，满足居民的日常需求，切实提升居民生活的便

利度和幸福感。例如,浙江桐庐县的富春江镇通过建设高水平的学校、社区卫生服务机构以及丰富的文化活动中心等,为居民提供了全面、优质的公共服务,显著增强了居民的获得感和归属感,进一步增强了小镇的吸引力。

4. 营造生态与休闲氛围

在规划生活空间时,应充分利用自然资源,为居民和游客营造惬意舒适的生活氛围。可以通过合理规划公园、绿地、河流湖泊等生态空间,使居民拥有与大自然亲近的机会,享受绿色生活。还可以规划步行道、骑行道、运动场所等设施,倡导健康的生活方式。例如,云南的束河古镇注重将其独特的山水资源融入生活空间的规划中,屋舍错落有致,巷道间流水潺潺,保留了大量的绿地和水系,形成"古道、泉水、人家"的独特景观,增强了小镇的生态氛围,为居民和游客提供了优质的休闲空间。

5. 创设文化与社交空间

文化氛围和社区互动是特色小镇生活空间规划的重要内容。特色小镇通过设置社区广场、文化活动中心、公共艺术设施等,为居民营造积极互动、和谐友爱的社区氛围。同时,文化空间不仅是居民交流情感、分享生活的场所,也可以成为小镇展示自身文化特色的重要窗口。例如,江西婺源篁岭通过打造一系列以民俗和传统文化为主题的公共空间,定期举办如"晒秋节"等节庆活动,吸引居民广泛参与,提升了居民对本土文化的认同感和归属感,让小镇文化得以传承和弘扬。

（三）生态空间

生态空间是指特色小镇内外的自然环境和景观资源,涵盖自然景观、生物多样性以及环境质量等要素。恢复与保护良好的生态系统不仅能直接提升当地居民的生活品质，也对特色小镇的长期可持续发展起着关键作用。因此，在规划生态空间时，应平衡生态保护与资源利用之间的关系，既要确保生态环境实现良性循环，又要推动产业发展。以下是具体的策略建议：

1. 建设生态保护与绿色空间

在规划特色小镇的过程中，应注重绿地和生态公园的建设，提供休闲、娱乐和健身的场所。通过建设公园、湿地、河道等景观带，有效保护自然景观、维护生物多样性，创造人与自然和谐共生的宜居环境。例如，浙江安吉鲁家村大力推进"全域美丽"工程，积极开展生态修复与景观绿化建设，形成了集生态农业、乡村旅游、绿色产业于一体的生态空间布局。鲁家村以"公司＋村＋家庭农场"的组织方式，建设了全国首个家庭农场集聚区和示范区，打造出美丽乡村田园综合体，形成了"有农有牧，有景有致，有山有水，各具特色"的独特发展模式。

2. 发展生态农业和生态旅游

生态农业是特色小镇实现经济效益与生态效益双赢的重要路径之一。特色小镇通过推广有机农业、循环农业和农田生态化改造，可有效提升农业的产出效率，减少环境污染，保障农业的可持续发展。生态旅游与农业相结合的模式，能大幅提升特色小镇的吸引力。例如，江西婺源篁岭村依托梯田油菜花景观，结合晒秋文化展示、农家乐体验和农产品深加工等形式，实现了生态旅游与农业的深度融合。篁岭的梯田油菜花海吸引了大量游客慕名观光旅游，"晒秋节"则成为展示本地特产的窗口，有力推动了农产品销售。

3. 提升农产品品牌价值

特色小镇通过打造"农产品 + 旅游"的营销模式，不仅可以提升农产品的销量，还能借助旅游的带动效应，提升地方农业品牌的价值。例如，江苏无锡的惠山古镇不仅推出了农耕文化体验项目，还销售有机农产品，如惠山泥人和当地的稻米、茶叶等特色农产品。

在特色小镇的建设中，需要充分考虑这三个空间的关系，以实现三者的良性互动和协调发展。一是持续优化生产空间。特色小镇应因地制宜，充分发挥当地资源优势，发展绿色可持续的产业，避免过度开发对自然资源的损耗。同时，注重产业链的优化升级，使经济效益与生态效益并行不悖。二是精心营造生活空间。特色小镇要将提升居民的生活品质、完善公共服务设施、增强居民的幸福感和生活满意度作为工作重点，打造宜居环境。三是悉心维护生态空间。特色小镇应注重生态环境的保护与修复，通过合理的生态治理措施，营造优美宜人环境。总而言之，"三生空间"理论为特色小镇的规划与发展提供了全新的视角和科学的方法，有助于更全面地理解和处理特色小镇建设中的复杂问题，推动特色小镇实现经济效益、社会效益与生态效益的有机统一。

三、"三生空间"的价值

"三生空间"对于特色小镇的发展至关重要。它们之间的协调与整合是特色小镇实现长期繁荣、居民幸福与环境可持续的关键路径。通过合理规划与统筹"三生空间"，特色小镇不仅能够在经济领域实现可持续发展，还能够在社会和生态层面取得平衡，成为推动城乡融合、实现新型城镇化的有效载体。生产空间、生活空间、生态空间三者相互依存、互为支撑，任何一个空间的失衡都会影响整体发展。生产空间必须依托良好的生态环境，同时要为生活空间提供就业与消费机会。生活空间的建设要符合生态保护要求，提升居民的生活幸福感。生态空间的保护和开发则需要生产空间和生活空间的支持。

（一）生产空间的价值

生产空间是特色小镇的经济基石，其规划与发展决定了特色小镇经济的兴衰，并直接影响到其他空间的规划与发展。

一是促进产业集聚。生产空间必须根据特色小镇的核心特色产业进行合理规划和发展。其在促进产业集聚、提升产业竞争力的同时，还能为特色小镇提供可持续的经济驱动力。例如，一个以农业为主的特色小镇，其生产空间应围绕农业种植、加工业及相关服务业布局，形成一个完整的产业链条。

二是促进经济多样化。在科学合理的生产空间规划的引领下，特色小镇可以引入多样化的经济形态，增强经济抗风险能力，创造更多的就业机会。例如，浙江乌镇通过引入互联网相关产业，成为互联网大会的永久会址，形成了旅游与互联网并存的多元化经济结构。

（二）生活空间的价值

生活空间是特色小镇居民的居住场所，也是吸引外来人才、提升居民生活品质的关键。

一是吸纳人才。在人口流失较为严重的乡村地区，特色小镇通过优化生活空间，例如提供高品质的居住设施、便利的交通、完善的教育与医疗服务等，有效吸引外来人口，为小镇发展注入新活力。

二是反哺产业。生活空间不仅服务于居民的生活需求，还可以反过来推动生产空间的繁荣。例如，通过打造高端社区、文化休闲区和娱乐设施，特色小镇能够吸引高消费人群，从而带动当地商贸、服务业和文旅产业的蓬勃发展。

（三）生态空间的价值

生态空间的保护和开发是特色小镇实现可持续发展的必要前提。健康的生态环境不仅是生产和生活空间规划的重要基础，也是特色产业的核心资源。

一是生态空间与经济效益的双赢。通过合理规划生态空间，特色小镇可以在保护生态环境的同时实现经济增长。例如，福建土楼以其独特的建筑风格和生态农业而闻名，其通过发展旅游业、有机农业、中药材种植等产业，实现了经济效益和生态效益的双赢。

二是生态空间对生产生活空间的支撑。良好的生态空间不仅能为居民提供宜居的生活环境，还能为特色产业提供资源支持。例如，农业特色小镇可依赖良好的土壤和水源环境发展特色农业，生产绿色生态农产品，在推动产业发展的同时彰显小镇的生态底色。

第二节　产业与"三生空间"的结合模式

一、第一产业与生产空间的结合

第一产业即农业、林业、牧业、渔业。以农业为例，农业的发展离不开土地资源和水资源的支持。农业生产空间的规划依赖生态环境的保护，通过科学规划能够优化农田的使用，减少污染，提升农产品产量和质量。例如，在生态农业特色小镇建设中，现代农业技术的引入可以优化耕地布局。第一产业不仅是农民的收入支柱，还能作为农业旅游的核心亮点。（图2.4）

图 2.4　农业物联网的应用示意

（一）生态农业

生态农业是乡村振兴中的重要理念，不仅是对传统农业生产方式的革新，更是基于生态系统平衡理念和长期可持续性发展理念的新型农业发展模式。生态农业通过引入智慧化管理、物联网技术和精准农业等新兴技术，为农业生产注入全新活力，推动生产效率的提升和资源的优化配置。

一是智慧化管理。利用先进的信息技术和数据分析手段，实现农作物生长、病虫害监测等各个环节的智能化管理，提高生产效率和农产品质量。

二是物联网应用。通过传感器、监控设备等物联网技术，实现对农田、温室、养殖场等生产环境的实时监测和远程控制，帮助农民精准决策和科学生产。

三是精准农业。运用卫星导航、遥感技术等手段，实现土壤肥力、水分状况的精准监测和管理，合理调配资源，降低生产成本，减少资源浪费。

（二）多样化农产品和农业产业链

结合现代科技和生态理念，特色小镇可以打造出一系列具有地方特色的农产品，形成差异化的市场竞争力。

一是农产品深加工。可以将初级农产品转化为高附加值的食品和保健品，提高经济效益。与此同时，讲好特色农产品的品牌故事，提升农产品的情感价值和文化内涵。

二是农业产业链建设。引入智能化农业设备和信息技术，提高农业生产效率和产品质量。同时，通过建立合作社、家庭农场等新型农业经营主体，促进农业规模化、集约化经营，提高农产品的市场竞争力。

（三）农业旅游

一是旅游项目开发。特色小镇通过打造农田景观、乡村花园、生态公园等旅游景点，吸引游客亲近自然、体验农耕文化，促进农村经济多元化发展。

二是农事体验设计。特色小镇的农事体验活动，如蔬果采摘、茶叶采摘、农田耕作等，让游客深入参与农业生产过程，提升对农产品的认知度与信任感。这种模式能直接拉动农产品销售，形成产销一体化的可持续商业模式。

二、第二产业与生活空间的结合

第二产业即采矿业、制造业、电力、燃气、水的生产、供应业、建筑业。在特色小镇的发展中，第二产业与生活空间的结合主要体现在为居民创造就业机会、改善居住环境和提升生活品质等方面。

（一）发展绿色制造

一是应用环保技术。采用绿色环保技术，如引入节能设备和清洁生产工艺等，提高资源利用效率、减少废弃物排放，从而降低制造业对空气、水和土壤的污染程度，减少能源消耗，减缓气候变化。

二是优化产业布局。合理规划和布局制造企业、居民区和绿地公园等空间，减少交通拥堵和环境污染，从而改善周边的居住环境，使居民享受产业发展带来的舒适生活空间。

（二）增加就业机会

一是提供就业机会。制造业的发展能够提供大量的就业机会，吸引居民就近就业。这样不仅能够降低因通勤产生的能源消耗，

还能让居民更好平衡工作与生活的关系，提升生活品质，促进当
地经济的发展。

二是缩小城乡差距。特色小镇制造业的发展，有助于缩小城
乡在交通、供水、电力、网络等基础设施方面的差距，推动城乡
资源的合理配置和均衡发展，加快城乡融合发展的进程，促进资
源的合理利用和经济的可持续发展。

三、第三产业与生态空间的结合

第三产业即各类服务业、商业，包括旅游、教育、医疗、文
化等行业。在特色小镇的发展中，第三产业与生态空间的结合不
仅要着眼于生态环境的保护，还要提供多元化的服务，满足居民
和游客的需求。

（一）生态旅游与服务业

一是设计环保型休闲项目。特色小镇的生态旅游项目应基于
对自然资源的保护和利用进行合理设计，例如在山地、湖泊、森
林等区域推出低碳徒步、露营、观鸟、生态摄影等项目，构建人
与自然和谐共生的生态空间。

二是打造文化生态村落与社区。打造以生态文化为主题的特
色村落和社区是特色小镇生态旅游的一大趋势。例如，莫干山的
民宿群体依托在地文化与生态环境的协同，改造当地民居，吸引
游客体验乡村生活方式和生态文化。这种模式不仅有效保护了自
然环境和传统文化，也为当地居民提供了更广阔的就业机会，实
现生态效益和经济效益的双赢。

（二）绿色教育

一是设立主题教育基地。在特色小镇内设立生态环保教育基地可以帮助居民和游客深入理解环境保护的必要性。例如，通过建立环保主题展馆、环保互动设施，让游客在参观和体验中学习环保知识、增强环保意识。

二是设计绿色教育活动。特色小镇可以通过推出环保主题的课程、讲座和亲子活动，向居民和游客普及生态知识、传播生态理念，提高社会公众的环保意识。

（三）健康医疗

一是构建生态养生疗养中心。特色小镇可以通过提供养生保健、康复疗养等服务，融入中医养生、瑜伽冥想、森林浴等自然疗法，使游客在领略生态之美的同时获得健康调养。

二是提供社区健康服务。特色小镇可以在村落中建设健康诊所、康复中心等小型医疗机构，配备专业的医疗设备和医护人员，既为游客提供便捷的医疗保障，也提高当地居民的社会福利水平，从而完善小镇的服务功能。

第三节　"三生空间"的规划与设计

一、"三生空间"规划

（一）规划原则

一是城乡统筹原则。"三生空间"的规划设计应着眼于城乡一体化发展趋势，统筹考虑特色小镇的功能定位和发展方向。同时，应充分考虑与现有各项工程的建设方案、实施方案的匹配性，引导乡村规划建设与城镇发展相协调，助力新型城镇化建设，形成更科学、更协调的特色小镇设计方案。

二是可持续发展原则。"三生空间"的规划设计应坚持节约集约用地方针，因地制宜进行规划设计，优化特色小镇空间布局，提高土地和设施的利用效益，促进可持续发展。

三是可操作性原则。"三生空间"的规划设计应符合现行规划管理和规划实施的要求，既要便于操作实施，也要兼顾开发与建设的实际情况，做到统一规划、分期开发、逐步实施、滚动发展。

四是以人为本原则。"三生空间"的规划设计应坚持以人为核心，强调小镇居民的居住行为与环境的融合和对话，努力营造绿化环境优美、人文环境愉悦的人居环境。

五是现实原则。"三生空间"的规划设计应尊重当地居民的建房习惯和经济活动的发展规律，运用科学的规划手段加以协调，尊重当地文化，考虑民情，着眼于居住实际，为小镇居民打造一个舒适的空间。

六是自然保护原则。"三生空间"的规划设计应将生态保护和经济增长紧密结合，确保在推进城镇化和产业发展的过程中不破坏自然环境。

七是多元导向原则。"三生空间"的规划设计应坚持问需于民、问计于民、问效于民，将民生导向、问题导向、目标导向、行动导向等多元导向相结合，重视对小镇现状的分析评估，重点从农房建设、基础设施配套完善、风貌塑造、环境整治等方面进行剖析，实现小镇经济、社会、环境的综合、全面、可持续发展，使建设成果惠泽全民。

八是特色彰显原则。"三生空间"的规划设计应在深入挖掘小镇产业、文化、风貌等各方面显著特色的基础上，强化整体风貌的管控和具体建设项目的设计引导，将彰显特色贯穿于设计工作的全过程。

（二）空间序列体系

在空间序列设计上，特色小镇通常采用"区块 + 轴线 + 节点"的布局规划模式。例如，依据生产、生活、生态三个空间的功能分区，设计一条景观主轴、两条景观次轴以及多个重要节点，实现"三生空间"的有效区分与有机联系。（图 2.5）

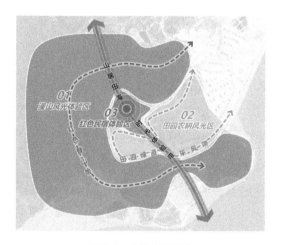

图 2.5　空间序列设计

（三）规划目标

1. 山青水碧

（1）保护自然生态环境的原真性与完整性。

（2）修复被破坏的山水资源，恢复其生态功能。

（3）打造和谐共生的"自然—人工"环境系统。

2. 镇美人和

（1）注重小镇的全面现代化建设。

（2）多维度增强小镇居民的幸福感。

（3）加强小镇环境的综合治理与美化工作。

3. 业兴客旺

（1）发展新型互联网农业与高效、高附加值农业，精细化、品牌化发展第一产业。

（2）发展第二产业，建立完善的产业人口配套设施，增强就业吸引力，提升村居品质。

（3）发展以都市休闲和乡土旅游为特色的旅游度假产业。逐步引入周边游、亲子游、周末游等微度假产品；结合特色工业、农业，打造素质拓展基地，带动旅游产业繁荣。

（4）大力推进农业绿色生产，提高农业规模化、标准化、机械化、电商化、绿色化水平，从而提高农业资源利用率、土地产出率和劳动生产率，增强农业综合生产能力与抗风险能力。

4. 城乡融合

（1）强化城乡统筹发展理念，缩小城乡、区域之间的发展差距与收入差距。

（2）优先完善公共设施与市政设施配套体系。从交通、医疗、教育、文化、环境等方面入手，提升现代化的服务设施，并加强信息建设，建立城乡信息分享平台，提供便利的生活、生产条件及就业机会，提高居民生活品质。

（3）在乡村地区打造原生态的乡村风貌。摒弃"涂脂抹粉"的一刀切式的村庄整治方式，强调灵活性，减少刚性要求，确定村庄风貌整治范围，保持乡村风貌的多样性与活力。

（4）盘活闲置资产。对于合村并点及人口流出型村庄，由政府流转闲置房屋，并以土地出让的方式，吸引民间资本介入开发农家乐、高山养老等高端旅游度假项目，确保闲置资源的有效维护与利用。

（5）将乡村旅游发展与村庄资源、环境、区位优势相结合，明确特色主题；发展农事体验型、景区依托型、生态度假型、文化创意型等多元化的乡村旅游模式。

二、"三生空间"设计

（一）区位规划与文旅设计

在当今社会，城市和乡村的规划设计不再只是简单的土地分割和建筑设置，而是更加注重整体性、可持续性和人文关怀。"三生空间"作为一种综合性的理念，强调通过合理的规划与设计，实现生产、生活和生态的协同发展。（图2.6）

图2.6 "三生空间"生态节点设计示意

1. 区位规划

特色小镇往往位于城市和乡村的过渡地带。科学选择地理位置，充分考虑生产、生活和生态的平衡，有利于实现区域内各方面资源的优化配置。

一是科学精准选址。合理选择地理位置、充分利用自然资源，可有效降低建设成本、提高生产效率。同时，交通便利性有助于特色小镇吸引游客和投资。此外，科学的地理信息系统能够帮助规划者全面了解所在区域的自然特征。

二是平衡生产、生活和生态。区位规划的核心目标是实现生产、生活和生态的平衡。在规划初期就应充分考虑三者之间的相互关系，避免片面追求某一方面的发展而对其他方面造成负面影响。例如，在选择工业区域时要注意环保要求，合理布局生活区域，以实现资源的最优利用和环境的可持续性发展。

区位规划的最终目标是实现整个区域内各个方面的优化。合理设计不同功能区域的布局，例如产业区、商业区、居住区等，可以有效缓解交通拥堵，提高能源利用效率，促进社会的和谐稳定。

2. 文旅设计

特色小镇兼具宜业、宜居、宜游的特征，强调将文化和旅游资源融入设计，打造具有吸引力的文旅目的地。

一是将文化和旅游资源融入设计。特色小镇通过深入挖掘当地的历史传统和文化内涵，创造出独具特色的文旅空间，为居民和游客提供更加丰富的体验。

二是打造具有吸引力的文化旅游目的地。特色小镇依靠天然资源和文化禀赋，通过巧妙的设计和布景，打造旅游胜地，促进地方经济的发展。文旅设计应尊重本地文化，注重历史传承，实现文化与经济的共赢。

（二）环境设计与景观设计

"三生空间"的规划设计旨在创造一个整体平衡、宜居健康的生活环境。其中，环境设计和景观设计是不可或缺的组成部分。通过以改善空气质量、优化水资源利用为目标的环境设计，以及以美化空间和增强人居体验为目标的景观设计，规划者可以塑造一个人与自然和谐共生的理想生活场所。

1. 环境设计

环境设计的核心理念是创造健康、可持续的生活环境。一方面，通过采用绿色技术和可持续发展策略，规划者可以降低污染、减少能源消耗，创造出一个有益健康、对自然友好的居住环境。例如，在环境设计中，规划者应通过植被覆盖、减少工业排放等手段，改善空气质量。再如，通过采用节水技术、建设雨水收集系统等方式，实现对水资源的可持续利用。另一方面，通过引入可再生能源、推动垃圾分类和回收等策略，规划者可以创造一个更可持续的生活环境。在环境设计中，采用可再生能源是一个重要的方向。太阳能、风能等清洁能源的广泛应用，不仅可以降低能源的消耗，还可以减少对化石燃料的依赖，从而减少对环境的负面影响。

2. 景观设计

景观设计以美化空间、增强人居体验为目标。规划者应结合生态需求，塑造人与自然和谐共生的景观。（图2.7、图2.8）

种植滨水乔木

增设连贯木栈道

增加休闲休憩空间

增加水生植物，美化水岸

图2.7 公共空间"滨水空间"设计示意

配套公服

绿地整治

集散活动空间

休憩空间

景观梳理

图2.8 公共空间"入口空间"设计示意

一是美化空间以优化人居体验。景观设计是一种对自然和人文环境的综合规划，旨在打造出富有艺术性和舒适感的居住区域，从而美化环境、提升人们的生活品质、增强居民的幸福感。绿化和花园设计是景观设计中的经典元素，规划者可以结合当地的气候和土壤条件，设计适合生长的植物。创造丰富多彩的自然景观，既能改善空气质量，又能为人们提供休闲娱乐的场所。除了绿化设计，艺术装置和雕塑也能为空间增添独特的艺术氛围。在公共空间设置雕塑作品或具有艺术性的建筑，打造引人瞩目的景观或地标，可以提升整个区域的文化品位。优秀的景观设计能提升地区的整体形象，成为地区文化的重要展示窗口。

二是追求人与自然的和谐共生。景观设计应当尊重并保留原有的自然生态系统，强调人与自然的和谐共生关系。通过合理规划公共空间，保护湿地、森林等自然生态系统，使居民在城市环境中感受到自然的存在，促使人们更加关注、尊重并自发保护周围的自然环境。同时，针对受到破坏的自然环境，可以通过生态恢复项目来还原和改善生态系统，使其逐渐回归自然的状态。在景观设计中，园林管理是不可忽视的一环。采用可持续的园林管理方法，例如有机废物的再利用、雨水的合理收集利用等，有助于减少对环境的负面影响。

精选案例：浙江宁波前洋E商小镇景观雕塑

1. 雕塑在公共景观设计中的作用

景观雕塑是城市的一道风景线。雕塑是对一座城市灵魂的再现，也是城市对外宣传的有效载体。因此，城市雕塑秉持着"少而精"的建设原则，主张在思想内容、艺术风格、表现形式、制作选材上更好地展现地方历史文化特色，呼应时代精神。

一是拓展表现形式。当下，景观雕塑的设计十分重要。雕塑不再是以往较为孤立的造型艺术，而是常常巧妙、轻松地融入现代社会，被赋予鲜明的主题和意义，通过雕塑可以传达特色小镇的故事和价值观。雕塑应当与特色小镇的环境相契合，既突出自身特色，又不会破坏周围的自然景观或城市景观，与小镇的整体风貌和建筑风格相协调。此外，雕塑材料的选择也要从空间整体格局出发，采用适宜的材质并考虑工艺处理难度，以便更好地发挥雕塑的艺术价值和功能效用，反映出小镇的艺术氛围和创造力，给游客以特定的情感冲击和最佳的美学享受。

二是拉近公众距离。雕塑由于其独特的体量和视觉效果，能够有效地展现出城市的文化内涵，并与公众产生更为直接的互动。在现代社会中，景观雕塑较为常见，已经深度融入人们的日常生活，成为城市文化的一部分。它不仅具备艺术审美价值，在城市环境中还逐渐衍生了实用功能，从而与周围的环境融为一体，为城市文化建设提供了重要的艺术支撑。通过雕塑，城市可以更好地向公众展示自己的形象和魅力，加深市民对城市的认同感和归属感。此外，特色小镇的雕塑还具有良好的观赏性、互动性。这些雕塑可能成为小镇的地标，带动旅游业发展。

三是增强城市个性。现代景观雕塑作为城市文化的有机组成部分，不仅丰富了城市的文化内涵，还能够通过独特的艺术表现形式来彰显城市的个性与魅力。优秀的景观雕塑作品往往成为城市文化的象征，吸引着更多的游客和投资。这些雕塑作品可能以历史故事、文化精神或杰出人物为创作蓝本，将这些元素巧妙融入其中，进而成为城市的一张靓丽名片。因此，景观雕塑的存在不仅为城市增添了独特的艺术魅力，也赋予城市更为鲜明的文化个性。

2. 前洋 E 商小镇景观情况介绍

前洋 E 商小镇位于浙江省宁波市北门户的宁波电商经济创新园区核心区内，东沿广元路，南至北环西路，西至绕城高速，北抵长阳路，规划总面积约 2.9 平方公里，距离宁波主城区约 15 公里，离高铁站、栎社机场 20 分钟车程，轨道交通 4 号线直达，交通便捷。小镇规划形成"一心、两轴、六片区"的发展格局，以港航物流供应链为核心产业，着力打造成为全国重要的港口经济圈电子商务中心、宜居宜业宜游的信息经济小镇。

前洋 E 商小镇是一个富有电商特色的小镇，在小镇文化培育和表现上可圈可点。据不完全统计，目前宁波中心城区有城市雕塑 200 余件，其中，前洋 E 商小镇就有 20 米大型雕塑 2 件，中小型雕塑和景观雕塑 4 件，足见小镇在景观设计上的用心。

笔者采访了前洋 E 商小镇景观雕塑的设计师赵振，了解到小镇在与其沟通景观雕塑设计方案时即提出了"电商蓝海"等较为明确的主题和设计意向要求，小镇所有雕塑方案都围绕着小镇文化主线展开设计。

（1）大型雕塑《蓝海之锚》。"电商蓝海"指的是在电子商务领域中，那些市场竞争空间相对较小，或者大众尚未熟知的领域。它可以理解为一个新兴市场，其中潜在的需求和商机尚未被充分挖掘，因此竞争不激烈，机会更多。《蓝海之锚》是一个有 20 米高的大型雕塑，整体材质为不锈钢。雕塑围绕"电商蓝海"的设计主题，从不同角度看，可以看到字符"@"和"e"，意指互联网与电商。作品用抽象且大众熟知的符号化意象展示了互联网时代主旋律，营造出特色小镇独特的电商文化氛围，加深了市民对特色小镇电商文化的认同感。（图 2.9）

图 2.9　前洋 E 商小镇雕塑《蓝海之锚》

（2）大型雕塑《放眼宁波》。雕塑《放眼宁波》取自毛泽东《赠柳亚子先生》中的诗句"牢骚太盛防肠断，风物长宜放眼量"。雕塑高 20 米，通体为不锈钢材质，依靠绵延的线条形成一个形似眼睛的造型，寓意"放眼看宁波，电商在前洋"，彰显江北前洋 E 商小镇打造电商产业集群的决心与信心。（图 2.10）

图 2.10　前洋 E 商小镇雕塑《放眼宁波》

（3）中小型雕塑和景观。除却 2 件 20 米大型雕塑外，江北前洋 E 商小镇还另有 4 件中小型雕塑和若干景观分布于不同位置。其中 3 件中小型雕塑同样采用不锈钢材质，简约大气的银色外观契合互联网电商的时尚气息，造型上也尽量贴合小镇"电商蓝海"主题。另外一处景观小品坐落于小镇生活区旁，用蓝、红、绿三色构成带状景观，并作为休闲椅使用，同时通过"蓝陆起点，港通天下""千年文明，书藏古今""绿色城市，时尚水都"三个文明标语向游客和居民清晰传达了小镇的文化立场和丰富内涵。（图 2.11）

图 2.11 前洋 E 商小镇上的小型雕塑和景观

总而言之，景观设计是空间规划设计中的重要手段，不仅可以有效传达地域空间的历史文化特性，还能起到美化空间的作用，助力特色小镇打造独特品牌形象和文化氛围。

（三）视觉传达设计与数字媒体艺术设计

在打造特色小镇的过程中，视觉传达设计与数字媒体艺术设计不仅是文化展示的工具，更是塑造和推广小镇品牌的关键手段。多元化的设计语言和现代化的传播手段，有助于小镇树立独特的品牌形象，提升知名度和吸引力。

1. 构建统一的视觉符号体系

鲜明的品牌形象塑造依赖于统一的视觉符号体系，如设计具有辨识度的标识、标志性建筑、街景装饰和色彩体系，使地区视觉形象一致、鲜明且有辨识度。设计中所体现的设计元素往往是从地区文化遗产、自然景观以及民俗特色中提炼出来，辅以一定的色彩和图案，统一运用到建筑外观、公共设施、路标指示等各个场景，形成一个可持续且有影响力的品牌形象，让视觉符号与特色小镇产生深度联结。

2. 打造数字媒体互动平台

借助数字媒体艺术设计，可以为特色小镇构建一个全方位、立体式的数字形象。例如，通过小镇的官方网站、微信公众号、微博、抖音等新媒体平台，介绍小镇的历史文化，发布有关小镇的活动信息以及景点特色等，为企业、游客和居民提供丰富的数字内容和动态播报，增加公众对小镇的关注度和参与度，提升小镇在数字空间的活跃度和影响力。

3. 营造具有沉浸感的场景体验

通过设计沉浸式体验场景，可以提升游客对小镇品牌的信任感。例如，运用 AR 技术让游客"穿越时空"，置身于小镇的历史建筑中，感受古建筑的独特魅力，或在线上体验当地的民俗节庆等，留下对当地文化的美好记忆。这种新颖的场景体验方式有助于游客加深对小镇品牌形象和小镇文化内涵的理解，进而吸引更多游客观光游览，推动小镇可持续发展。

第三章

乡村振兴背景下的特色小镇发展

第一节　特色小镇与乡村振兴、新型城镇化的关系

19 世纪英国建筑规划大师埃比尼泽·霍华德（Ebenezer Howard）针对英国大城市所面临的问题提出田园城市概念，这不仅引领了西方城市的发展方向，也影响了 21 世纪的中国。特色小镇与中国新型城市化建设周期存在四大契合点：一是契合大城市问题凸显背景下的城市发展新路径；二是与城市经济供给侧结构性改革相契合；三是随着基础设施完善，偏远乡镇融入都市生活，特色小镇吸引青年和农民工群体；四是特色小镇理念与中产阶层生活方式相契合。[①] 中国特色小镇的建设恰逢中国新型城市化建设周期，将城市发展中体量小、有特色的区域切割出来进行单体量身定做、精准打造，有助于解决大城市过重超载、建设同质化、治理粗放及不可持续等难题。"特色小镇为新型城市化提供

[①]　闵学勤.精准治理视角下的特色小镇及其创建路径[J].同济大学学报（社会科学版），2016（5）：55-60.

'高质量、内涵式建设'的根本动力。"①

在当前的发展语境下，特色小镇经常与乡村振兴、新型城镇化一同被讨论。我们首先需要明确三者各自的定义、作用和内在联系。

特色小镇萌芽于2014年，它并不是一个国家战略，而是属于国家政策支持下的一种发展模式，是一种推动地方发展的重要政策工具。特色小镇的建设目标主要是通过集约化、差异化发展来推动产业升级、城乡融合，激发创新活力，有效拉动区域经济增长。特色小镇并不是行政建制镇，多位于城乡接合部，是一种具有明确产业支撑、独特文化内涵、良好生态环境的新型城镇形态。特色小镇"小而美""专而强"的特质，是地方特色的经济增长点和文化符号的集中体现。（图 3.1）

图 3.1　特色小镇生活建筑设计示意

---

① 闵学勤.精准治理视角下的特色小镇及其创建路径 [J].同济大学学报（社会科学版），
2016（5）: 55-60.

　　新型城镇化是 2014 年发布的国家战略。传统城镇化更多关注城市的空间扩张和基础设施建设。新型城镇化战略则是中国解决城镇化过程中出现的一系列问题的顶层设计，它不仅关注人口从农村向城市的转移，更注重如何通过政策和资源调配，使得这种迁移有序进行，保障民生福祉、促进城乡融合，实现更加均衡和可持续的城市发展。其内涵包括高质量的城市建设、基础设施、公共服务等多方面的有机统一。[①] 这一战略为推动中国经济转型升级和提高居民生活质量提供了重要的制度保障。（图 3.2）

图 3.2　美丽乡村生活建筑设计示意

　　乡村振兴是 2017 年党的十九大报告中提出的全面提升农村地区经济、社会、文化、生态环境等各方面水平的重要国家战略。乡村振兴主要围绕农业农村现代化、农民生活水平提升、农村基础设施改善以及乡村文化复兴展开。核心内容包括产业振兴、人才振兴、文化振兴、生态振兴和组织振兴五大方面。其目标是解决"三农"（农业、农村、农民）问题，缩小城乡差距，促进共同富裕。乡村振兴的实施能够解决城乡发展不平衡、不充分的矛盾，

---

① 方创琳. 中国新型城镇化高质量发展的规律性与重点方向 [J]. 地理研究，2019（1）：13-22.

改善农村基础设施和公共服务，增强农村地区的经济自主性，减少乡村人口流失现象，保护和传承传统文化与生态环境，同时提高农民的收入和生活水平，让农村地区不仅是居住的地方，还能成为一个生态宜居、经济活跃、文化繁荣的区域。（图 3.3）

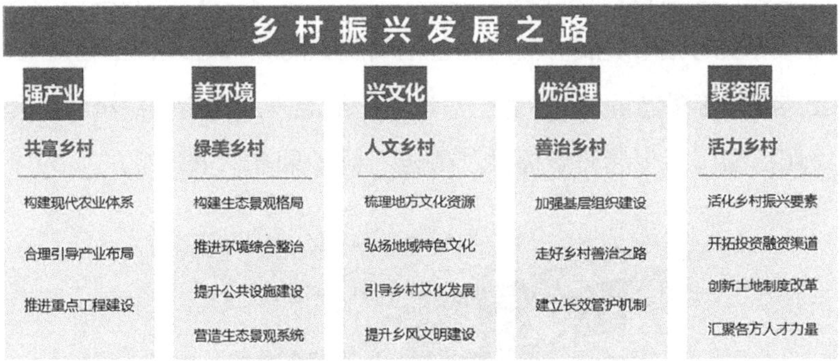

图 3.3　乡村振兴发展之路

　　乡村振兴、新型城镇化、特色小镇三者之间有着紧密的联系，它们在宏观政策上是互相支持和协同共进的。一是新型城镇化为城乡发展搭建大框架。新型城镇化关注的是城乡的整体协调发展，在推进城镇化的过程中，需要兼顾城市和乡村的均衡发展。因此，新型城镇化为乡村振兴和特色小镇的建设提供了政策支持和发展路径。二是乡村振兴是新型城镇化的重要组成部分。新型城镇化的推进，必然伴随着乡村振兴的实施。通过发展现代农业、完善农村基础设施建设、提升公共服务质量，乡村振兴为新型城镇化提供了坚实的基础。反之，城镇化的发展又为农村人口提供了新的就业和发展机会。三是特色小镇是乡村振兴、新型城镇化的纽带和桥梁。特色小镇作为新型城镇化和乡村振兴的结合体，不仅在空间上连接了城乡，还通过产业发展、文化创新等手段，推动乡村经济的转型升级，引导乡村振兴中的产业振兴，吸引城市资源下沉到农村地区，为新型城镇化增添新的活力。因此，乡村振兴、新型城镇化和特色小镇三者相辅相成，共同构成了中国城乡协调发展的核心内容，对于推动中国经济社会可持续前行、促进城乡共同繁荣，有着深远的影响。

第二节　乡村振兴的背景与意义

乡村振兴战略的提出缘于城乡发展不平衡问题长期存在。根据"城乡二元结构"理论，传统的工业化进程导致资源和人口向城市过度集中，而乡村地区的发展受到严重忽视。《乡村振兴战略规划（2018—2022 年）》提出，通过产业、人才、文化、生态、组织五大振兴，实现从"输血"向"造血"的转型。乡村振兴战略是新时代中国全面推进社会主义现代化的重要举措，旨在破解长期以来农村发展滞后、城乡差距不断扩大的问题。通过乡村振兴战略，有望实现农业农村的全面现代化，从而促进农村经济繁荣、生态可持续发展以及城乡深度融合。

一、乡村振兴提出的背景

乡村振兴战略是新时代中国实现经济转型、社会和谐和生态可持续发展的重要战略选择。通过多层面的政策支持和资源配置优化，乡村振兴的提出不仅可解决农业和农村发展中的深层次矛盾，还为全社会的共同富裕和国家的长期稳定提供了坚实的基础。通过推进农业现代化、促进城乡融合、加强生态保护等一系列系统性举措，乡村振兴战略必将推动中国社会进入一个更加均衡、繁荣与可持续的未来。

（一）农业现代化发展不均衡问题长期存在

作为一个农业大国，中国在过去几十年的农业现代化进程中虽取得显著成就，但受工业化和全球化浪潮的冲击，农业发展的不均衡问题依然突出，东西部地区以及城乡之间的差距尤为明显。东部沿海发达地区凭借大量的资本和技术投入，农业生产效率大幅提升，科技应用广泛，已形成了具备较强国际竞争力的现代农业模式。然而，在中西部地区和偏远农村地区，农业生产方式依旧较为传统，以初级农产品生产为主，产品附加值较低，科技投入严重不足，市场化程度也相对较低。同时，这些地区的基础设施，如灌溉系统、水利设施和电力供应等，远远落后于发达地区。实施乡村振兴战略，是解决农业现代化发展不均衡问题的关键，有助于推动农业现代化覆盖全国各个区域，实现农业整体升级。

（二）农村人口结构与社会保障问题

在城市化快速发展的进程中，农村大量年轻劳动力涌入城市务工，导致农村常住人口结构失衡，老年人口和未成年人口占比较高。据统计，目前有约 2.9 亿农民工在城市从事低端劳动，面临着工资低、社会保障差、工作不稳定等问题，亟待解决。[①] 与此同时，农村社会保障体系和资源配置长期处于弱势，在养老、医疗、社会福利等方面覆盖不足，也是导致人口大规模"逆向流动"的因素。此外，农村医疗条件相对落后，优质医疗资源高度集中

---

① 国家统计局 .2023 年农民工监测调查报告 [EB/OL].（2024-04-30）[2024-10-30].https：//
www.stats.gov.cn/xxgk/sjfb/zxfb2020/202404/t20240430_1948783.html.

在城市，这进一步增加了城乡发展差距带来的潜在社会风险。实施乡村振兴战略，将大力加强农村社会保障体系建设，从根本上改变农村劳动力"被迫外流"的局面，让农民能够在家乡享有与城市同等的发展机会，增强农村居民的生活安全感和幸福感。

（三）农村生态环境与资源利用问题

在过去的发展中，由于对生态环境保护的重视不足以及资源利用方式的不合理，农村生态环境遭到不同程度的破坏。过度使用化肥农药、不合理的养殖模式以及缺乏有效的垃圾处理机制，导致土壤污染、水体污染和生态系统退化等问题日益严重。同时，农村自然资源的开发利用效率较低，未能充分发挥其经济价值和生态价值。实施乡村振兴战略，强调生态优先、绿色发展，并强调通过加强农村生态环境保护和资源的合理开发利用，推动农村生态系统的修复和优化，实现经济发展与生态保护的良性互动，打造宜居宜业的美丽乡村。

（四）农村产业结构与经济活力问题

农村产业结构单一，以农业生产为主，第二、第三产业发展相对滞后，缺乏多元化的经济增长点。农产品加工转化能力不足、产业链条短、附加值低，难以形成产业集群效应和市场竞争力。此外，农村地区的商业服务、文化旅游等新兴产业发展相对缓慢，无法满足农村居民日益增长的消费需求和就业需求。实施乡村振兴战略，致力于调整和优化农村产业结构，培育和壮大农村新产业新业态，推动农村第一、第二、第三产业融合发展、协同共进，激发农村经济活力，拓宽农民增收渠道，实现农村经济的可持续增长。

二、乡村振兴的战略意义

乡村振兴战略是基于中国国情和发展需要而提出的一项重大
战略,对于解决农村发展中的诸多问题,推动城乡协调发展,实
现中华民族伟大复兴具有不可替代的重要价值。

(一)推动农业农村现代化,实现全面经济振兴

乡村振兴战略的核心任务是推动农业现代化发展,并最终实
现农村经济的全面振兴。一方面,通过加大对农业科技的投入,
推广现代化农业设备和技术,能够提高农业的生产效率,降低农
业成本,促进农产品的品牌化与市场化发展,增强农业产业的
盈利能力。另一方面,通过鼓励农业与其他产业的结合,如"农
业 + 旅游""农业 + 文化""农业 + 电商"的融合发展,能够拓宽
农民增收渠道,推动农村经济的多元化发展。此外,交通、通信、
电力等乡村基础设施的全面提升和现代化改善,也为农业及其相
关产业的深度发展提供了有力保障,确保农村经济在新时代实现
新飞跃。

(二)促进城乡融合发展,打破二元经济结构

乡村振兴战略强调城乡之间的互补性与融合性。通过推动城
乡资源要素的合理流动与优化配置,例如引导资本、技术、人才、
信息向农村流动,乡村可以借助城市的先进生产要素实现跨越式
发展。特色小镇的兴建和乡村旅游的发展,使许多农村地区具备
了吸引城市居民的客观条件,其通过将创新型产业与旅游业有机
结合,激活了农村经济。特色小镇作为城乡之间的纽带,有助于
城乡之间逐渐打破"中心—外围"模式,形成资源共享、共同繁荣

的新型发展格局，最终达到城乡一体化高质量发展的目标。

（三）提升农民福祉，保障其合法权益

乡村振兴的核心目标是农民生活的改善。通过大力扶持农村基础设施建设，发展教育和医疗等基本公共服务，农民可以获得与城市居民相等的基本权益，并且能通过农业生产的升级，享受到现代科技带来的收益增长红利。在土地制度改革方面，应确保农民对土地的自主权利，保护农民的利益不受侵害。同时，完善农村社会保障体系，为农村人口提供更为全面的医疗、养老和就业保障，让农民能够获得生活的尊严和幸福感，这是乡村振兴的关键落脚点。

（四）实现生态可持续发展，打造宜居乡村

实现人与自然和谐共生，是建设"美丽中国"的重要组成部分。通过合理规划，可以使乡村既成为农民安居乐业的故乡，又成为城市居民度假休闲的理想场所。

保护农村生态环境和绿色资源，是乡村振兴战略的核心任务之一。推广可持续的农业生产方式，减少化肥和农药的使用，发展循环农业、生态农业，可以有效减少对土地和水资源的破坏，为乡村长远发展筑牢生态根基。

（五）促进社会稳定，推动乡村文化复兴

乡村振兴是一个综合性概念。不仅是经济层面的振兴，还包括社会、文化的全面进步。通过加强农村基层治理工作，推动修订村规民约、重建家风家训，寻找乡村记忆、复兴乡村文化，增强农村邻里关系，营造社会和谐氛围，提升乡村的社会

凝聚力，维护农村地区的社会稳定。乡风文明程度的提升是中国社会整体和谐与长治久安的重要保障。

第三节　特色小镇在乡村振兴中的地位与作用

2014年，浙江率先提出特色小镇概念。学界普遍认为，浙江特色小镇的培育与建设，同推进新型城镇化战略等政策有极大关联。它是在浙江块状经济、县域经济基础上展开试点的一项重要探索，目的就在于最大限度地激发浙江的创新精神，尤其是自主创新精神，促进浙江经济的转型升级。[1] 从宏观层面看，特色小镇的建设与新型城镇化过程中的"农民市民化""产业转型升级""创新创业"等重大战略是相辅相成、相互促进的。培育新的增长动能是当前的主要任务，而建设特色小镇是推进城乡一体化改革发展的突破口。特色小镇建设既能够吸引更多的人口回流，使乡村更加美丽宜居，又为工业反哺农业、城市反哺农村创造了条件、提供了平台。[2]（图3.4）

---

[1]　韩金起.从创新看浙江特色小镇建设 [J].知行铜仁，2016（2）：66-70.
[2]　蓝枫.建设特色小镇，推进城乡一体化进程 [J].城乡建设，2016（10）：27.

图 3.4　美丽乡村设计示意

一、特色小镇在乡村振兴中的地位

中国乡村振兴已进入地域空间综合价值追求新阶段，特色小镇是推进乡村振兴的重要举措。[①] 其对于促进区域经济转型升级，推动大中小城市和小城镇协调发展至关重要。[②]

（一）特色小镇是乡村振兴的重要支撑载体

特色小镇作为一种创新型空间发展模式，是乡村振兴战略的有力支撑。特色小镇通过聚焦特色产业，为乡村注入全新的发展动力，成为推动乡村经济升级和可持续发展的关键节点。特色小

① 王景新，支晓娟 . 中国乡村振兴及其地域空间重构：特色小镇与美丽乡村同建振兴乡村的案例、经验及未来 [J]. 南京农业大学学报（社会科学版），2018（2）：17-26，157-158.
② 王振坡，薛珂，张颖，等 . 我国特色小镇发展进路探析 [J]. 学习与实践，2017（4）：23-30.

镇不仅是新型的经济发展的引擎，还为乡村社会建设、文化传承和生态保护建设提供了集成化的空间。（图3.5）

◆ **吸引人才回流与集聚** ◆

吸纳人群	本地农民	职业农民	返乡农民	农业创客	农技人员	大学生

创业就业机会增加	劳动力补充	促进经济发展
本地农民	外出务工农民返乡	壮大集体经济
职业农民	大学生返乡就业	增加就业岗位
农业创客	吸引专业农技人员	增加农民收入
		提升生活水平

图 3.5 特色小镇吸引人才回流与集聚的积极影响

（二）特色小镇是城乡资源互动的战略枢纽

在城乡融合发展的大背景下，特色小镇是连接城市与乡村的重要桥梁。在建设过程中，通过引导城市资本、技术、人才、信息等核心生产要素流向乡村，促进了城乡间的资源流动和产业对接，从而实现城乡资源的双向互动。因此，特色小镇是打破城乡二元结构的重要战略抓手，是城乡资源集聚与流动的战略枢纽。

（三）特色小镇是文化复兴和生态保护的集成平台

特色小镇注重"三生空间"的融合发展，不仅是区域产业的发展基地，也是文化传承与生态文明建设的集成平台。特色小镇以地方特色文化为依托，通过文化创新和生态产业相结合，推动传统文化复兴。与此同时，特色小镇注重人与自然的和谐共生和环境的可持续发展。因此，特色小镇在乡村振兴战略中占据了不可替代的文化和生态双重地位。

二、特色小镇在乡村振兴中的作用

（一）推动产业升级与城乡互动

特色小镇通过聚焦某一特色产业，推动乡村经济的转型与升级。它们不仅促进了乡村产业链的延伸和价值提升，也通过引导城市资源流向乡村，增强了城乡之间的要素互动和产业对接，实现了城乡资源的优化配置。

（二）提升乡村生活品质与基础设施

特色小镇的建设伴随着基础设施和公共服务的全面提升。通过完善交通、教育、医疗等配套设施，改善了乡村居民的生活条件，提升了乡村的宜居性和吸引力。更优质的生活环境既促进了乡村的人口回流和可持续发展，也缩小了城乡差距。

（三）推动绿色发展与文化传承

特色小镇通过引入绿色经济模式，提升了乡村的生态保护意识，推动了乡村的可持续发展。同时，特色小镇通过链接产业，打造具有地方特色的文化品牌，发挥文化赋能的作用，增强了乡村的文化自信与乡村认同感。

第四章

特色小镇"三生空间"融合发展模式

在特色小镇的发展架构中,"三生空间"至关重要。生产空间是指产业活动所需的空间,生活空间与居民的日常生活息息相关,生态空间则是自然环境的组成部分。特色小镇三生空间融合发展,包含了生产空间、生活空间、生态空间三者的相互作用。"三生空间"融合旨在通过合理的空间布局与功能整合,实现特色小镇经济、社会和环境的可持续发展目标,进而促进乡村振兴和城乡融合。(图4.1)

图4.1 公共空间"亲水平台"设计示意

生产空间一定程度上依赖生态环境提供的资源来维持其稳定的运转，同时通过提高居民收入来改善生活空间。生活空间的改善又对生产空间提出了新的要求，促使生产空间进行转型升级，达到更高的服务水平和更优的产品质量。生态空间既是生产空间的资源供应者，也是生活空间的养护者，通过生态保护措施，生态空间才能够持续为生产空间提供资源，避免出现"生态赤字"的严重局面。在这个过程中，三者必须实现动态平衡，即生产不能过度消耗生态资源，生活空间的扩展不能挤压生态空间。（图 4.2）

图 4.2 可持续绿色建筑理念设计示意

第一节 生产空间支撑生活空间与生态空间

在特色小镇的发展中，生产空间不仅为地方经济注入源源不断的活力，还通过科学合理的规划与生态保护，为生活空间和生态空间提供了强有力的支撑。产业发展为当地居民提供了就业机会和更好的生活环境，而生产活动的绿色转型与低碳模式也促进了生态环境保护与修复，维护了生态空间的平衡与稳定。

一、生产空间支撑生活空间的逻辑

生产空间的规划与布局对于提升生活空间质量至关重要。特色小镇的"特"集中体现在产业层面，围绕特定产业构建的区域经济为居民提供了直接的就业机会和长期的生活保障。具体来说，产业集聚能够拉动就业、刺激消费，并进一步完善教育、医疗、交通、娱乐等基础设施，全方位提升居民的生活水平和幸福感。（图4.3）

图4.3 "三生空间"融合设计示意

一是产业与就业的双向促进。特色小镇的生产空间以特色产业为核心驱动力，强力拉动地方经济增长，创造了大量就业机会。生产链条的延伸和产业的多元化发展，不仅为技术工人提供了丰富的岗位类型，也为服务行业、物流、金融等关联领域开辟了众多的就业渠道。就业机会的增加能留住本地居民，减少乡村劳动力流失，还能吸引外来人才落户，从而为生活空间注入蓬勃活力。为此，鼓励产业链上下游企业集聚，形成协同效应，是创造多样化的就业岗位的有效路径。

二是基础设施完善与生活质量提升的联动。生产活动的规模化发展对推动特色小镇基础设施的建设有重要作用。随着企业入驻和产业规模扩张，特色小镇所在地的公共服务会得到优化，居民生活的舒适度也相应提升。此外，随着地方经济的发展，居民的收入水平也有所提高。为此，生产集中的地区应加大生活设施建设的投入力度，确保教育、医疗和交通等生活要素与生产活动同步发展。

精选案例: 福建德化白瓷小镇

德化白瓷小镇坐落于福建省德化县，是中国著名的陶瓷产区之一。得天独厚的瓷土资源、白瓷独具的优良品性和广泛的市场需求，使德化在白瓷生产领域声名远扬，并成为闽南地区的瓷业中心，代表着全国白瓷生产的最高水平。德化白瓷小镇的建设以陶瓷文化产业为核心支柱，注重生产空间与生活空间的有机融合，通过发展陶瓷产业，带动了生活空间的改善，形成了生产空间与生活空间的良性循环。

1. 产业深度发展带动生活质量提升

陶瓷产业是德化县最重要的传统支柱产业。小镇通过大力发展陶瓷文化产业，促使白瓷生产朝着规模化、品牌化和国际化方向迈进，产业经济效益持续攀升，并聚集了大量从事陶瓷生产、设计、销售的上下游企业和技术型人才。德化四分之三的产业与陶瓷有关,逐渐形成了大师艺术瓷、日用家居瓷、出口工艺瓷三足鼎立的产业格局。[①] 随着白瓷需求的不断增长,企业开始实施机械代工、自动化生产模式。陶瓷产业的发展壮大带动了当地经济发展,小镇居民的生活条件也随之改善。地方政府将生产空间所创造的经济收益用于优化生活空间,进一步提升了居民的生活品质。

2. 人才引进激发社区活力

德化白瓷小镇已逐步发展成为集生产、设计、研发和展示于一体的综合性陶瓷产业集群。大量陶瓷从业人员的聚集使德化白瓷小镇社区生活充满活力。随着高技术工人、设计人才和经营者的入驻,小镇的生活空间逐渐转变为文化氛围浓厚的社区形态。德化白瓷小镇通过吸引产业相关资源与人才,提升了生产空间的竞争力,为小镇居民提供了广泛的就业机会,增强了社区居民的凝聚力和归属感。

3. 陶瓷文化旅游的强劲带动作用

德化白瓷不仅是一种生产型产业,也是一个文化符号。当地政府充分挖掘白瓷的文化内涵,将生产空间巧妙转化为陶瓷文化旅游资源,连片打造了"中心片区陶瓷文化旅游路线",并通过建设陶瓷博物馆、新秀园瓷艺村、瓷艺体验基地等场所,为游客提供丰富的文化体验。陶瓷文化旅游不仅为居民创造了更多的经济收入,也使"中国白·德化瓷"品牌的影响力进一步提升。陶瓷产品的生产和销售直接支撑了小镇生活空间的旅游服务和文化展示,促进了生产空间与生活空间的深度融合。

---

① 薛志伟."中国白"迈向价值链高端 [N]. 经济日报,2023-12-16.

4. 总结

陶瓷产业是德化的优势产业和民生产业。德化白瓷小镇通过持续发展陶瓷产业，以生产空间为核心，实现了生活空间的改善与文化发展的双丰收。与此同时，陶瓷文化的推广也使生产空间与生活空间之间形成了文化纽带，进一步深化了二者的融合，为特色小镇的持续发展提供了实践范例。

二、生产空间支撑生态空间的逻辑

在特色小镇的发展过程中，生产空间与生态空间的平衡与协调同样关键。生态环境是特色小镇的资源基础，也是生产空间可持续发展的保障。因此，在推动生产发展的过程中，必须坚守生态底线，确保生产活动与生态环境和谐共生。

一是绿色技术驱动低碳生产。绿色发展是以效率、和谐、可持续为目标的经济增长和社会发展方式。[①] 如今，发展绿色产业已经成为特色小镇实现可持续发展的重要举措。在生产空间内推行绿色技术，能有效减少对自然资源的消耗与污染。例如，制造业类型的特色小镇可以采用低碳生产设备和清洁能源，减少碳排放和废水排放，保护生态空间，降低环境治理成本。为此，应积极推动各产业开展绿色认证，确保生产过程环保达标，让绿色成为特色小镇发展的鲜明底色。

二是生态保护与生产活动的共生共荣。特色小镇的生产活动依赖于自然资源，比如旅游资源、农业资源或自然环境等，都是

---

① 王营，夏青，赵曦. 关于绿色低碳循环发展体系的基础研究 [J]. 机电产品开发与创新，2019（1）: 10-12.

生产发展的重要依托。在生态空间的保护中，应关注生产活动的可持续性，保证生态空间与生产空间的良性循环。例如，农业类型的特色小镇可以通过高新农业技术的介入和水资源的有效管理，减少土地退化、水污染、虫害等问题，提升农作物产值。为此，应扶持低碳科技企业入驻特色小镇，为生产企业提供绿色技术解决方案，鼓励企业在生产发展的同时，实现生态环境的有效保护，在"绿水青山"中收获"金山银山"。

精选案例：云南大理双廊艺术小镇

双廊艺术小镇位于云南省大理市双廊镇洱海东岸，依山傍水，是在双廊古镇的基础上整合转型而成的特色文化小镇景区，具有浓郁的白族民族风情。小镇依托其优美的自然风光和独特的民俗风情，逐渐发展成为艺术小镇，吸引着大批游客不远万里纷至沓来。在这里，生态资源为艺术创作和旅游产业提供了内容源泉，而文化创意产业带来的经济效益又反哺于生态空间的维护，生动诠释了生产生态的和谐共生。

1. 旅游业的发展与生态环境的共生

旅游业是双廊艺术小镇的重要经济支柱，小镇优美的生态环境是吸引游客的重要因素。双廊在发展旅游业的同时，始终强调生态旅游的理念，主张在保护生态环境的前提下进行合理开发。例如，双廊限制高密度建筑开发，推广环保民宿，鼓励游客低碳出行，减少对洱海的污染，还开发出许多旅游新业态产品、农文旅融合项目和网红打卡地、骑行自驾线路等。游客的到来为双廊的经济发展注入了活力，而良好的生态环境反过来也提升了旅游业的品质，形成了生产与生态保护相互促进的良性循环。

2. 人才虹吸效应的形成

双廊自然风光优美、风土人情长留、艺术氛围浓厚，近年来逐渐形成了一种"人才虹吸效应"，即通过良好的环境和氛围不断吸引高素质的艺术家、设计师和文化创意工作者成为"新大理人"，这一效应是双廊艺术小镇发展的重要标志。高素质人才的聚集，带来文化创意产业的繁荣生长，推动了小镇的特色化发展。

3. 总结

在双廊艺术小镇的建设过程中，生产空间与生态空间之间的良性互动是其成功的关键密码之一。特色小镇的发展不仅需要依托核心产业，还需要注重生态空间的保护和合理利用。双廊通过推动旅游服务业和文化创意产业的发展，显著提高了生产空间的经济效益，同时利用这些收益反哺生态环境保护工作，实现了生态与生产的协同共进。

第二节　生活空间反哺生产空间与生态空间

生活空间反哺生产空间与生态空间的核心要义在于提升居民的生活品质，并以此为动力源，借助消费升级的"杠杆"，撬动生产升级，实现三者协同并进。

一、生活空间反哺生产空间的逻辑

一是消费升级引领生产变革。生活空间的发展是一个动态演进的过程，通常伴随着居民消费水平的提升和多样化需求的涌现。这种消费需求的变化，能有效推动生产空间的转型升级。例如，随着居民健康养生意识的提升和对绿色食品的需求的增加，农业生产从传统粗放式种植转向现代化、精细化的绿色农业模式。同时，由于人们更加注重生活品质，对文化和休闲娱乐的需求日益提升，这也促进了服务业的蓬勃发展，拓宽了生产空间和产业结构，提升了生产的附加值。为此，特色小镇在建设中应提升公共服务水平，加强基础设施建设，为居民营造优质生活环境，进一步激发消费升级的潜力。

二是生活服务设施赋能生产效率。优质、完善的生活空间为生产空间提供更多的支持。例如，健全的教育、医疗等公共服务体系，不仅提升了居民的幸福感和归属感，还能够吸引和留住高素质人才，为当地产业发展注入活力。此外，交通、住房、电力、网络等基础设施的改善，为企业和工人的生产活动提供了便利，有力提高了生产效率。在此情况下，生产空间与生活空间呈现良性互动，共同推动当地经济、生态和文化的可持续发展。为此，特色小镇在建设中应采取有效措施推动消费需求升级，构建生产空间与生活空间之间的良性循环机制。

精选案例：浙江湖州南浔古镇

南浔古镇坐落于浙江省湖州市南浔区，占地面积 34.27 平方千米。小镇历史源远流长，明清时期便已是江南有名的蚕丝重镇。古镇内留存着众多古色古香的私家大宅第与江南园林，是江南古镇旅游版图中熠熠生辉的胜地之一。

1. 文旅驱动经济蝶变

南浔古镇凭借其别具一格的历史建筑群落与江南水乡独特韵致，

全力发展旅游产业。在旅游业蓬勃兴起的过程中,当地政府深刻洞察到生态环境蕴含的巨大经济价值。因此,在旅游开发中,当地政府秉持保护与开发并行不悖的策略,一方面大力加强水环境治理与古建筑保护工作;另一方面积极拓展生态农业与生态旅游领域。南浔古镇通过创新设计旅游项目及业态,极大地丰富了旅游产业形态;通过深入挖掘大运河文化带、非物质文化遗产和民俗文化等的深厚底蕴,有力推动了农旅深度融合发展,使古老文化在新时代重新焕发蓬勃活力。诸多举措不仅带动了小镇经济增长,还切实促进了生态空间的保护,达成了生活、生产与生态的协同发展。

2. 基础设施建设与公共服务并进

受益于文化旅游所创造的经济收益,南浔古镇的基础设施与公共服务得以同步优化升级,从而在为游客带来更优质体验的同时,显著提升了居民的生活品质。近年来,南浔区着力改善交通、电力和通信网络,为游客、居民以及企业营造现代化的生活环境与营商环境,极大地提升了生产效率。本地居民生活品质提高,对餐饮、娱乐、休闲等领域提出了更高层次的需求,进而刺激了服务业朝多元化方向发展,丰富了生产空间的业态形式,形成了消费与产业发展相互促进的良性循环。

3. 总结

南浔古镇以文旅为核心驱动力,实现了经济转型与生态保护的双赢。南浔古镇的经验表明,充分挖掘自身特色资源,在保护的基础上合理开发,注重各领域协同发展,能够在新时代实现古镇的可持续繁荣。

二、生活空间反哺生态空间的逻辑

生活空间对生态空间的反哺，是实现特色小镇持续发展的关
键环节。

一是绿色生活与生态文化的融合。生活空间的发展不仅体现
在物质层面，也包括居民环保意识的提高和绿色生活方式的推广。
随着生活质量的不断提高，居民对优质生态环境的需求愈加强烈，
越来越积极地参与到当地的生态建设和环境治理中。居民参与植
树造林、水源保护、垃圾分类等生态修复活动，有效促进了当地
的生态环境改善。这种生活空间反哺生态空间的模式，强调了社
区在生态保护中的核心作用，居民既是受益者，也是参与者。这
种由生活空间传导到生态空间的绿色互动，有利于实现生态空间
的可持续发展。为此，特色小镇在建设中应通过环保教育和社区
活动持续提升居民的环保意识，积极倡导低碳出行、垃圾分类等
绿色生活方式，让绿色理念深入人心。（图4.4）

图4.4　生活空间设计示意

二是文化传承与生态保护的和谐共生。特色小镇独特的文化特点与自然环境有机结合，能够增强人们对地域的情感联系。特色小镇通过挖掘和保护历史文化，在经济发展与环境保护之间寻找到平衡。这不仅为当地居民创造了更加宜居的生活环境，也为自然生态的保护和修复提供了有力的支持，实现了文化与生态的共同繁荣。

精选案例：浙江桐庐深澳古村

深澳古村位于浙江省杭州市桐庐县，完好保存着极具徽派与浙西民居特点的明清时期古建筑群，还有由溪流、涵洞、明沟、水井和池塘组成的丰富地下水系。其通过积极保护与修复古建筑，避免了古村落被过度商业化开发，确保了历史文化的原汁原味保留。与此同时，深澳古村周边山水秀丽，自然景观与文化遗产相得益彰。

1. 文旅引领，助推产业进阶

深澳古村有占地约 4 万平方米的古村落群，是该村发展旅游业的核心资源。其通过保护和修复古建筑、避免过度商业化开发等措施，确保了古村落文化的原真性和独特性，这是文化旅游产业升级的关键。同时，深澳古村文化旅游的发展，带动了周边配套产业的协同发展，制香、葫芦烙画、绣房等店铺的开设，不仅为古韵老街增添了新活力，催生出崭新的业态，实现了文化资源向经济效益的转化。这一模式体现了乡村振兴中的内生型发展，本地居民依靠本地资源，成为经济发展的受益者和参与者。

2. 文化生态，携手"双向奔赴"

桐庐深澳古村的旅游发展模式重点体现在"文化带动生态，生态反哺文化"。丰富的文化资源是深澳古村吸引游客的主要因素，村落周围的青山绿水不仅为游客提供了视觉上的享受，更是古建筑群赖以依存的生态背景。随着文化旅游业的兴起，深澳古村采取了一系列措施，全力保护当地的自然生态，杜绝对自然环境的过度开发，确保了村落文化资源的长期存续。深澳古村生动展示了文化与生态之间的良性互动。

3. 总结

深澳古村以历史文化和自然生态为依托，走出了一条文化旅游驱动产业升级、文化与生态和谐共生的发展之路。在产业上，通过对古建筑原真性的坚持和配套产业的拓展，实现了文化资源的经济价值转化，为乡村内生型发展提供了实践范例。在生态与文化关系上，二者相互促进，共同塑造了古村的独特魅力，实现了古村的可持续发展。

第三节　生态空间保障生产空间与生活空间

在特色小镇发展格局中，生态空间对于保障生产空间与生活空间有关键作用，主要表现在对自然资源的保护和利用上，以此实现经济发展与环境保护的协调统一。生态空间为生产提供了优质的资源储备，支撑生态旅游等产业的绿色发展，提升了特色小镇在市场中的综合竞争力。同时，优美的生态环境为居民创造了宜居的生活空间，形成了环境、经济与社会的良性循环，构建了一个可持续的有机整体。

一、生态空间保障生产空间的逻辑

在特色小镇发展进程中，三生空间相互协调，其中，生态空间犹如基石，对生产空间起着根本性的保障作用，不仅为生产活动提供了不可或缺的物质基础，还在提升产业竞争力方面发挥关键作用。

一是生态空间可以提供优质的生产资源。生态空间作为自然资源的储备地，为农业、渔业、旅游业等产业发展提供了重要的基础条件。森林、水源和土地等生态资源的良性运转，是农林生产活动顺利开展的必要支撑。例如，高质量的土壤和清洁的水源是发展绿色农业的基础，为特色农产品的品牌打造提供竞争力。为此，特色小镇在建设中应加大对土地、森林、水源的保护力度，防止资源枯竭和环境恶化，从根本上保障生产空间的可持续发展。

二是良好的生态环境可以有力提升产业竞争力。良好的生态环境不仅对发展传统产业意义尤重，对发展现代服务业、生态旅游等新兴产业也具有重要作用。例如，秀美的自然风光和良好的生态环境是生态旅游、发展民宿经济的重要吸引力。再如，在现代高新技术产业和制造业中，随着低碳环保生产需求的不断增加，优质的生态环境也成为吸引环保型企业入驻特色小镇的重要条件。为此，特色小镇在建设中应积极推行绿色生产方式，减少生产活动对生态环境的破坏，实现经济效益与环境效益的双赢。

精选案例：浙江安吉白茶小镇

安吉白茶小镇位于浙江省安吉县，因其盛产的安吉白茶而闻名。安吉县是中国首个生态县，也是"绿水青山就是金山银山"理念的诞生地、中国"美丽乡村"发源地、"中国特色小镇论坛"的永久会址。安吉白茶小镇以优质茶叶生产为核心产业,并通过"美丽乡村"建设、公共设施提升和生态旅游开发等举措,不仅改善了居民生活空间,还实现了生态空间对生产空间的反哺,推动了白茶产业的转型升级。

1. 白茶产业转型升级

安吉所处的北纬 30 度,是出产名优茶的黄金纬度带。安吉被誉为"白茶之乡"。白茶产业是安吉的核心农业产业,是湖州乃至浙江茶产业的重要支柱。安吉白茶小镇突出市场导向、强化生态特色,拉高标杆,补齐短板,全面实施安吉白茶产业生产转型行动、品牌提升行动、营销变革行动、生态改造行动、文化塑造行动,延伸产业链,推进安吉白茶产业从生产、加工、销售、包装到休闲,一、二、三产业融合发展,努力形成种植生态化、加工规模化、包装特色化、经营品牌化,以及茶产业、茶经济、茶文化协调发展的现代产业体系,朝着综合产值超百亿、产业发展超百年的"双百"目标奋力迈进。[①] 当地政府重视白茶产业转型升级,实施了茶叶企业培育计划,推动茶企向现代企业转型,大力发展订单农业,提升茶叶自动化智能化加工水平,加快茶旅融合,加快推进安吉白茶产业链延伸,这些举措为产业发展注入强劲动力。

2. 生态旅游反哺茶产业

安吉白茶小镇山清水秀、静谧安闲的自然资源为其发展生态旅游提供了有力支持。小镇依托当地美丽的自然风光和富有特色的白茶文化,积极发展茶文化体验旅游,吸引了大量游客前来参观、品茶,体验采摘茶叶的过程;利用安吉乡村旅游业开展茶饮料、茶食品、茶保

---

① 浙江省安吉县人民政府. 安吉白茶发展的 40 年 [J]. 茶博览,2019(5):24-27.

健品和茶食品添加剂、茶日化用品等精深加工产品开发和产业化经营，助推安吉白茶产业全价利用和三产融合发展。[①] 在茶叶采摘季节，游客亲身体验活动不仅丰富了旅游内容，还为茶农带来了稳定的非农收入，实现了生态旅游对茶产业的反哺，促进了生产空间与生活空间的良性循环。

3. 总结

白茶小镇在保护生态环境的前提下，实现了茶叶产业的绿色转型与精细化发展。同时，借助生态旅游和茶文化的推广，进一步巩固和拓展了茶产业的发展空间，实现了生态空间对生产空间的有效反哺。

二、生态空间保障生活空间的逻辑

生态空间与生活空间紧密相连，并全方位保障着生活空间的品质与持续性。

一是改善生态环境以提高居民生活质量。健康稳定的生态系统不仅能为居民提供清新的空气、洁净的水源和优美的自然景观，还能凭借自身的防御调节机制降低自然灾害发生的风险，创造安全宜居的生活环境。这些因素对提升居民的幸福感、吸引人才回流以及促进人口稳定具有重要意义。为此，特色小镇在建设中应规划绿色社区，推动绿色公园、生态步道、环保教育基地等生态设施的建设，将生态文化融入居民的日常生活，通过生态设计和环境治理手段提升居民的生活品质。（图 4.5）

---

① 黄鑫，斯震. 茶旅融合发展路径探索：以浙江省安吉县为例 [J]. 福建茶叶，2024（10）：86-88.

图 4.5　台地式观景平台设计示意

　　二是发挥生态功能增进居民生活福祉。生态空间发挥着调节气候、吸收污染物、减少噪声等重要的环境功能。例如，城市公园和绿化带像是城市"绿肺"，在调节城市温度、减少城市"热岛效应"方面发挥着重要作用，有效提升了居民生活品质和生活幸福感。为此，特色小镇在建设中应加强自然灾害防控与环境监测，增强应对自然灾害的能力，为居民提供安全可靠的生活环境。

精选案例：湖南凤凰古城

　　凤凰古城位于湖南省湘西土家族苗族自治州，城内有许多古建筑和遗址，是少数民族聚居区。优美的自然环境、深厚的人文历史、古老的建筑群落，让古镇享有"北平遥，南凤凰"的美誉。

1. 生态环境保护推动居民福祉提升

　　政府严格控制古城的开发规模，保护沱江的水质与生态系统，避免因过度商业化而破坏原有的自然景观。在交通管理方面，通过减少汽车尾气排放来提升空气质量。这不仅美化了小镇环境，还深度改善了居民的生活条件，提高了旅游的附加值，提升了古城的整体生态质

124

量，让居民在生态保护中切实受益。

2. 文化旅游与生态保护的深度结合

凤凰古城是热门的旅游目的地，当地许多民宿和酒店在设计和建设中充分考虑契合古城古色古香的建筑风格，引入环保材料，并配备了绿色能源设施，为游客提供生态友好型的旅游服务。政府也鼓励游客参与生态旅游项目，倡导文明旅游，将保护古建筑文化和生态环境内化为社区共同的责任。

3. 总结

生态保护与文化传承并不是互相排斥的领域，而是可以相辅相成、共同发展的。凤凰古城通过文化与生态的深度融合，为当地经济注入了新的活力，也为生态空间保障生活空间提供了生动的范例。

第五章

特色小镇"三生空间"融合发展保障机制

第一节　政府政策与投资保障机制

特色小镇"三生空间"的融合发展,既需要强有力的政府政策支持,也离不开健全的投资保障机制。二者相辅相成,政策是引导方向,投资则是实现目标的动力源泉。政府应从政策引导和投资保障两方面发力。一方面,提供财政支持和优惠政策,促进产业升级和转型,加强环境保护和生态建设;另一方面,建立多元化的投资渠道,提供优惠的投资政策和税收政策,加大对投资者的服务和支持力度,建立健全的风险防范机制,吸引更多的社会资本参与特色小镇的建设和运营,保障特色小镇的可持续发展。

一、完善政策体系

一是完善规划和政策文件。政府需制定全面且具有前瞻性的综合性规划和政策文件,明确特色小镇的发展目标、发展定位和发展方向,为特色小镇的发展提供长远的指导和保障。这些文件需涵盖特色小镇的产业布局、用地规划、基础设施建设、生态环保、人才引进、社会保障服务等多方面的内容，以确保特色小镇的发展与城乡一体化、产业结构转型、生态保护、资源利用等目标协同共进。

二是提供财政支持和优惠政策。政府需加大对特色小镇的财政投入力度，通过财政资金补助、税收减免等手段，激发社会资本投入于特色小镇的建设和运营的积极性。此外，政府还可以为特色小镇提供土地使用权等资源要素的优惠政策，降低企业的经营成本，营造良好环境。

三是促进产业升级和转型。政府需积极推动特色小镇的产业结构优化升级，引导特色小镇的传统产业向高端产业转变。通过鼓励技术创新、培育新兴产业、吸引高端人才、延伸产业链等举措，提高特色小镇的经济效益和市场竞争力，实现产业可持续发展。

四是加强环境保护和生态建设。政府需制定相关政策和标准，加强对特色小镇的环境保护和生态建设的监管与治理。例如，可以建立环境监测体系，加强对环境污染和生态破坏的预防和治理，提高特色小镇的生态环境质量。（图5.1）

图5.1　公共空间"树下休憩空间"设计示意

二、加强投资保障

一是拓展多元化投资渠道。政府需积极引导并推动特色小镇建设项目的多元化投资，包括股权投资、债权投资、基金投资等形式。可以建立特色小镇发展基金，为投资者提供多样化的投资方式，降低投资风险。例如，引导社会资本进入，有效分担政府财政压力，解决建设资金不足的问题，确保基础设施建设的可持续性。

二是制定优惠的投资政策和税收政策。政府需制定优惠的投资政策和税收政策，降低投资者的投资成本。例如，减免企业所得税、城镇土地使用税等，为投资者提供更有吸引力的投资环境，增强特色小镇对资本的吸附力。

三是提供全方位的服务和保障。政府可成立投资者服务中心，为投资者提供从项目申报到审批的全方位、一站式的服务和保障，帮助投资者及时解决投资过程中的问题，提高投资生产效率，让投资者安心、放心。

四是建立风险防范机制。政府可加强与金融机构的合作，建立风险评估和管理机制，为投资者提供专业的风险评估和风险管理服务。通过加强对投资项目的风险预警和监测，降低投资风险，增加投资者的信心，确保特色小镇投资环境的稳定。

第二节　社会参与治理保障机制

特色小镇是一项"共建共治共享"的系统性工程，社会参与治理保障机制在其中起着重要的作用。应建立党委领导、政府主导、社会协同、公众参与、法治保障相结合的"一核多元"精细化社会治理体制，充分发挥党委和政府的核心引领指导作用，推动社会与市场力量协作的多元化治理[①]，实现特色小镇的民主决策、公开透明、多元参与和法治保障，提高特色小镇的管理效能和服务水平，增加居民和企业的满意度，促进特色小镇的可持续繁荣发展。

一、搭建社会参与平台

政府需积极鼓励和引导社会各界广泛参与特色小镇的建设和发展，充分吸纳基于实际调研和实践经验的建设性意见与建议。通过组织多样化的公众参与活动，广泛征求居民、企业和其他利益相关方的意见和建议，有助于形成多元化的利益共识，增强政策制定的合法性与有效性。尤其是要发挥好企业在特色小镇建设中的核心推动作用。企业凭借产业创新和升级，能带动地方经济增长，实现多方共赢。

二、提高信息透明程度

政府需提高特色小镇建设和发展过程中的信息透明度，及时全面地向社会公布有关特色小镇规划、政策举措、项目进展等信息。建立特色小镇信息平台，利用互联网和移动应用技术，向公

---

① 刘建辉．探索中国特色小镇精细化社会治理模式：对古镇镇国家特色小镇社会治理的思 考 [EB/OL]．（2017-07-26）[2024-10-30].http∶//finance.people.com.cn/n1/2017/0726/c1004-29430312.html.

众提供便捷、高效的信息获取渠道，并接受社会监督和评价。通过增强信息的公开性，增进公众对特色小镇的了解与信任，激发公众参与特色小镇建设的积极性。

三、强化法治保障力度

政府需强化特色小镇发展的法治保障，建立健全完善的法律法规体系和严格的执法机制。制定有针对性的特色小镇管理条例或规范，明确管理权限和职责，为特色小镇的可持续发展提供法律依据与制度保障。在项目建设过程中，秉承系统治理、依法治理、综合治理、源头治理的理念，确保各项工作于法有据。同时，加强法治教育和宣传工作，推动全社会形成尊法、学法、守法、用法的良好氛围。

四、完善监督考核机制

政府应建立完善的监督机制，加强对特色小镇建设与发展的全方位评估和动态监控。通过坚持"一张清单管到底"的原则，动态跟踪清单内特色小镇发展情况，实施优胜劣汰动态管理。严守合规用地、生态环保、债务防控、房住不炒、安全生产等五条底线，确保各项工作的合规性和有效性，切实维护特色小镇的健康发展秩序。①

---

① 国家发展改革委举行 8 月份新闻发布会 [J]. 中国产经，2022（15）：14-23.

第三节　居民参与社区自治机制

在特色小镇的三生空间融合发展保障机制中，社会参与治理保障机制起着重要的作用。居民参与社区自治，可以推动特色小镇的民主决策、公开透明、多元参与和法治保障，促进特色小镇的可持续发展。同时，居民的积极参与和自治能力的提升也有助于提高特色小镇的管理效能和服务水平，增加居民和企业的满意度，推动特色小镇的繁荣发展。（图 5.2 至图 5.5）

图 5.2　新传统风貌建筑设计示意

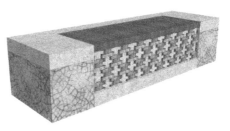

图 5.3　"景观坐凳"设计示意

图 5.4　上海"乡村振兴示范村"吴房村

图 5.5　美丽乡村设计示意

一、建立居民参与决策平台

社区自治的核心是让居民有机会参与小镇的公共事务决策。

在特色小镇的规划、建设和管理过程中，鼓励和引导居民有序参
与。可以通过成立居民委员会或者社区代表大会等形式，确保居
民在涉及公共利益的决策过程中拥有话语权，使居民可以就社区
基础设施建设、环境保护、公共服务等事项充分表达意见。这有
助于提升社区居民的凝聚力，为特色小镇的发展注入源源不断的
活力。

二、健全社区自治组织体系

特色小镇通过建立业主委员会、村民委员会、社区志愿者组
织等各类社区组织和自治机构，为居民自我管理搭建有效平台。
政府应该给予社区充分的自主权，加强对社区自治的引导和监督，
确保社区自治的合法性和有效性。这一机制有助于提升居民的参
与感与归属感，还能为特色小镇塑造独特的社区品牌形象，提升
其整体吸引力和竞争力。

三、增强居民自治意识和能力

社区自治不仅依赖于健全的制度设计，更需要居民具备足够
的自治能力和强烈的公共意识。特色小镇应通过系统化的宣传教
育活动、专业技能培训等多种方式，增进居民对社区事务和小镇
发展的认识与理解，增强他们的参与意识与自主管理能力。这有
助于居民在自治过程中发挥更大的作用，使他们对特色小镇的未
来发展充满信心，从而推动社区的长期健康发展。

四、建立多元激励奖励机制

为进一步激发社区居民的积极性、创造力，特色小镇可以通过设立荣誉称号、奖金或其他形式的奖励，表彰在特色小镇发展中有突出表现的企业、居民和社区组织。这种奖励机制能够营造积极向上的社区氛围，为特色小镇的持续繁荣与创新发展提供强大动力。

第六章

特色小镇赋能乡村振兴

第一节　产业赋能乡村振兴

一、作用与前景

在乡村振兴大背景下，如何高效实现区域经济的转型升级，成为摆在各级政府和社会各界面前的重要课题。特色小镇作为新型城镇化的重要组成部分，正日益成为推动乡村经济发展的重要引擎。产业赋能不仅可以激发乡村经济的内生动力，还能为特色小镇的建设带来新机遇。产业赋能的实质在于通过优化产业结构，提升内在驱动力和外部适应能力，从而推动区域经济的可持续发展。例如，改变乡村传统产业单一、低效的现状，提高农产品附加值，推动当地经济结构的优化升级。

（一）促进乡村就业和收入增长

产业的多样化发展不仅带来了就业机会的增加，也有效提升了乡村居民的收入水平。种粮农民往往"靠天吃饭"，传统农业收入的单一性，导致农民创造收入渠道受限，在面对市场波动时承受了较大压力。通过产业赋能，调整产业结构，乡村居民的收入来源将更为广泛。以农村电商为例，近年来电商平台的发展让农产品直接面对城市消费市场，减少了中间环节，提高了农民的议价能力。发展农村电商，不仅提高了农民的经济收入，也为年轻人返乡创业提供了契机。

（二）改善乡村基础设施建设

在推动产业发展的过程中，基础设施的完善至关重要，它可以更好地支撑生产空间和生活空间。良好的基础设施可以降低企业的生产和运输成本，还能提升劳动者的生活品质，进而提高劳动生产率。例如，智慧农业依托物联网和大数据平台，实现对生产过程的精准监控，提高资源利用效率，降低生产风险。这说明，只有完善的基础设施才能确保技术应用顺利落地。此外，随着道路、学校、医院、供水供电、网络等基础设施的不断建设和完善，乡村将更具吸引力，更多的乡村人口将选择留乡发展。

（三）创新驱动和数字化转型

农村电商、智慧农业等数字经济形式的崛起，深刻改变了传统的生产方式和市场结构。这种转型升级不仅提升了乡村经济的运行效率，也为未来乡村可持续发展提供了基础。未来，人工智能、物联网等技术的应用将进一步加快乡村的数字化进程，以信息化手段打破地域壁垒，畅通城乡市场的联动，助力乡村经济迈向更高层次的现代化。

二、产业模式

（一）主导产业的选择

选择主导产业是特色小镇的关键战略之一，关乎特色小镇未来的发展方向。特色小镇作为撬动区域经济发展的杠杆，需要充分利用当地的资源禀赋和产业基础，通过专精特路线和差异化竞争战略获取市场优势。为此，特色小镇需要充分挖掘当地的优势资源和特色产业，构建具有鲜明特色的主导产业；需要顺应市场需求，选择具有市场前景和竞争力的主导产业（如新能源产业、环保科技产业、高新技术制造业等）；需要加强与周边区域产业的联动，通过产业协同效应提升整体竞争力，推动产业链向纵深发展。

（二）产业链的完善

产业链的完整性与协同性是特色小镇成功的要素。在产业链的构建中，吸引上下游企业形成集群效应是确保产业链完整性和联动性的关键。对于上游企业，特色小镇可以通过政策激励和资源优势，吸引原材料供应商或者技术支持企业入驻，以保障生产所需的原材料、零部件和关键技术的稳定供应。这种合作模式不仅可以降低生产成本、提高生产效率，也有利于形成产业生态圈，促进产业互动和创新。对于下游企业，特色小镇可通过政策扶持和市场开拓，吸引加工制造企业或者销售企业入驻，以拓展产品销售渠道，提高产品附加值，满足多元市场的需求。通过吸引上下游企业入驻，特色小镇能够形成完整的产业链，实现资源共享、技术互补和市场互通，从而使产业链具有更高的抗风险能力和市场适应性。

（三）创新驱动的战略

创新驱动是特色小镇实现可持续发展的重要战略。技术创新可以帮助小镇产业长期保持竞争优势，灵活应对市场变化。为此，特色小镇应鼓励企业加大研发投入，勇于探索前沿科技和工艺创新，推动产业升级，切实提升生产效率和产品质量；通过建立科技创新平台、研发中心等，促进企业间的技术合作与资源共享，形成知识溢出效应，推动整个产业链的技术进步与价值提升；通过引进高端人才和专业团队，加强人才队伍建设，提升整体创新能力和水平。通过强化创新驱动发展战略作用，特色小镇能在快速变化的市场环境中保持敏锐的应变能力，推动产业结构的转型升级，实现可持续发展。

三、做法列举

龙头企业因其带动性强、资源雄厚，已成为推动特色小镇和乡村产业振兴的重要抓手。吸引具有实力和经验的大型企业入驻特色小镇有以下作用：一是龙头企业通常拥有雄厚的实力和资源，其入驻可以带动当地上下游企业的发展，从而实现产业链的协同创新。二是龙头企业的入驻会创造大量的就业岗位，改善当地居民的就业状况，促进经济结构优化和社会稳定。三是龙头企业通常具备先进的生产技术和管理经验，可以面向当地企业进行技术输出和开展技能培训，推动当地产业的技术升级和人才培养。四是龙头企业的投资和运营会为特色小镇带来经济效益，能促进当地经济的快速增长，提高当地居民的生活水平。五是龙头企业通过在当地履行企业社会责任项目，参与乡村基础设施建设，助力乡村社会整体发展。

特色小镇引进龙头企业的路径有以下几种：一是以政府为主导制定招商政策，明确特色小镇的产业定位和发展规划，制定优惠政策吸引龙头企业入驻。二是通过行业展会、招商会等传统渠道寻找潜在的龙头企业合作，同时利用产业合作基金等现代化招商手段，促成高新技术企业的落户。三是设立企业服务中心，提供全流程的政策咨询、场地选址、审批办理等一站式服务，确保企业从投资到运营全程无缝衔接，降低企业的进入门槛，提升投资便利度。四是加强基础设施建设，改善投资环境和营商环境，增强特色小镇对龙头企业的吸引力。

四、案例解析

（一）浙江诸暨袜艺小镇

1. 小镇介绍

诸暨袜艺小镇位于浙江省绍兴市诸暨市，是浙江省第二批省级特色小镇、第一批中国特色小镇。诸暨袜艺小镇是建制镇，一个以袜艺为核心产业的特色小镇，是全球唯一以"袜艺"为主题的特色小镇。

诸暨有两大特产——袜子和珍珠，这是浙江人都熟知的。袜艺小镇地处大塘镇西北角，规划面积2.96平方公里。一到小镇，袜艺产业浓厚的文化氛围便扑面而来，首先是矗立在小镇客厅前面的巨大的袜子状雕塑，给游客留下深刻印象。在小镇的街道上，几乎到处可见与袜业相关的店招，囊括了袜子的面料、设计、生产、销售、仓储、物流、机器零件维修等各个环节，充分反映了诸暨广泛且庞大的行业队伍和雄厚的产业根基。

追溯其发展历史，20世纪70年代，大唐袜业以家庭手工作坊和集市零散贸易为主。1991年，大唐庵轻纺市场建成开业。1999年，第一届中国袜业博览会成功举办，此后十余届中国·大唐国际袜业博览会连续召开，提升了大唐袜业的知名度。2009年，大唐袜业借助数字化电商平台，实现了线上营销，进一步扩大了大唐袜业的名气。经过几十年的发展，大唐镇成为袜艺特色小镇，其目标是成为全球最先进的袜业制造中心、全球最顶尖的袜业文化中心、全球唯一的袜业主题景观空间和袜业旅游目的地。[1]

袜业是诸暨市涉及面最广、从业人员最多、产业链最完善的产业之一，其生产的袜子总量占全国的70%以上，占全世界的三分之一，是中国乃至全球最大的袜子生产基地。[2]如今，袜艺小镇是全国袜业知名品牌创建示范区、世界级袜业产业集群先行区、中国袜业产业智能制造装备及袜艺设计示范基地[3]，已吸引了约520家企业入驻，有130家袜业规上企业，有17个中国驰名商标，为约2.2万人提供了就业机会，联系合作高校62所，完成特色产业投资43亿元，年纳税3.3亿元，拥有40项发明专利、

① 马瑞.大唐打造特色小镇[N].中国纺织报，2015-10-30.
② 宋文杰.镇域特色小镇瓶颈突破之路：以诸暨袜艺小镇为例[J].小城镇建设，2016（3）：80-82.
③ 徐艺航.实地探访诸暨袜业：一条街道供全球，"大唐"的生命力何来[N].第一财经日报，2023-03-09.

2000 多项袜业授权专利。[①] 图 6.1 至图 6.7 为课题组在调研时拍摄
与获取的相关照片。

图 6.1　笔者到访诸暨袜艺小镇

图 6.2　诸暨袜艺小镇党群服务中心

图 6.3　诸暨袜艺小镇广场上的袜子状雕塑

---

① 国家发展改革委规划司. 2019 年"第一轮全国特色小镇典型经验"总结推广 [EB/
OL].（2019-04-24）[2024-10-30]. https://www.ndrc.gov.cn/xwdt/ztzl/xxczhjs/ghzc/202112/
t20211209_1307292.html.

图 6.4   袜业城内有各式各样的袜子售卖

图 6.5   中国大唐袜业城

图 6.6   中国大唐袜业城用照片记录　　图 6.7   中国大唐袜业城用袜子装饰墙面
　　　　　袜业历史

2. 小镇特色

（1）产业链完善

诸暨袜艺小镇注重培育本地袜业品牌，吸引相关企业和人才入驻。随着袜艺特色小镇知名度的提升，小镇开始引进更多企业，促进产业链向上游和下游延伸，大大增强了小镇产业的协同能力和行业竞争力，也成就了小镇袜艺产业的龙头地位。

（2）特色产业引领

诸暨袜艺小镇注重"互联网+""创意+""创新+"和"资本+"，紧跟前沿科技发展趋势。通过开展多维度合作，推动产品和设计持续革新；通过应用自动化、智能化机器，促进棉料技术升级；通过拓展电商模式，扩大营销范围；通过创新投融资模式，帮助企业拓宽融资渠道，实现产值稳步增长。

（3）特色文化凸显

诸暨袜艺小镇深度挖掘袜子文化，通过数字化形式呈现袜艺知识和历史。同时，打造以"袜艺"文化为主题的场馆，让小镇的名片更为闪亮。

3. 生产、生活、生态空间的协同发展

（1）生产空间

诸暨袜艺小镇重点规划建设"智造硅谷""时尚市集""众创空间"三大区块。"智造硅谷"是小镇的智能制造集聚区，主要有海讯两创园、圣凯科技园、天顺精品园三大工业园区；"时尚市集"是小镇的智慧中枢和文化艺术旅游区，主要有袜业智库、滨水休闲文化长廊、大唐袜业城等功能区；"众创空间"是小镇的电商群落生态区，将电商园、大学生创业园、新零售服务园区等项

目紧密串联。①

　　小镇着力打造全球唯一的以袜子为"图腾"的特色小镇。大力引进智能制造型企业，与国际领先的原材料研发机构及高校合作，运营世界袜艺设计中心，重点研发和生产新型纤维材料，并举办"大唐杯"袜艺设计大赛，积极推动袜业公司产品的迭代升级。此外，通过设立淘宝大学，与物流公司达成电商供应链项目合作，成功打造绍兴首个"中国淘宝镇"，构建起完整的袜业产业生态。

　　在诸暨，中国针织原料市场、大唐袜机市场、中国大唐袜业城这三大市场覆盖了从原料到销售的袜子生产全链条，为小镇提供了坚实的生产保障。在袜业城，商家都很忙碌——给来自全球的客户看样品、接单、打包，他们做的是批发生意，有些也愿意接零售生意。在袜业城外，门口的物流车、运输车来来往往地将大唐袜子运输到全球各地，保障了生产与销售的高效运转。

　　（2）生活空间

　　诸暨袜艺小镇的生活空间与生产空间、生态空间有所交叉，重点规划三大区域、六大工程，分别为智造硅谷、时尚市集、众创空间和美丽示范街、特色小镇客厅、镇容镇貌改造、入镇口改造、生态河道治理。此外，公共服务设施改造等重大工程也被纳入小城镇环境综合整治、精品村建设等政府重点工作。

　　诸暨国际商贸城是一站式购物中心，涵盖了五金、日用品、服装、箱包、商务、办公、特色农产品等丰富的业态，周边配套有医疗、警务、超市、银行等功能设施。另外一个商城就是中国大唐袜业城，袜子销往世界各地。超市、住宅就在不远处，给小

―――――――――

① 内容来源于诸暨袜艺小镇介绍。

镇从业人员带来了极大便利。小镇客厅附近的酒店，也能为来小镇的游客、客户提供舒适的居住环境，提升了小镇的生活品质和接待能力。

（3）生态空间

诸暨袜艺小镇编制"三纵三横"旅游景区规划，沿线打造大唐袜业城、诸暨城市三环线旅游景观带、冠山溪滨水休闲文化长廊等景观，并创建了4条旅游线路。小镇主要核心地带被周边8个风景生态区包围，分别是西施故里旅游区、汤江岩风景区、斗岩风景区、五泄景区、白塔湖国家湿地公园、香榧森林公园、东白湖生态旅游区、千柱屋景区。小镇开发面积完成率和绿化覆盖率分别达到76%和43%，在发展产业的同时，注重生态环境保护，实现了产业发展与生态建设的良性互动。

4. 总结

诸暨袜业起步早、家底厚。30多年前就拥有6000多家袜业企业和10万多名从业人员，这是诸暨袜艺小镇成功的第一基石。此后，小镇结合"五水共治"和"两美"建设，以及"三改一拆""四边三化""三名工程"等建设项目，推出"六大专项整治"，以政策与市场相结合的手段，倒逼6000多家袜企转型升级，彻底关停无证、无照、无税收的"低小散"企业3000余家。壮士断腕的企业转型勇气，为诸暨袜艺小镇的成功再次加码。从"制造"到"创造"，从"袜业"到"袜艺"，袜艺小镇从建镇伊始就传承了老字号"大唐袜业"的品牌理念，在袜业里寻求袜子艺术，追求精致化、时尚化、科技化。正是这种无惧产业升级转型阵痛的求索精神，使大唐轻纺城蝶变成袜艺特色小镇。总的来说，浙江诸暨袜艺特色小镇紧扣"袜艺"产业主线、通过"三生空间"融合的小镇发展模式，持续推进小镇产业结构转型和动力转换，突出智能制造、材料研发、产品设计、品牌营销等重点环节，以先进制造业为底色，打造全球最繁荣的袜业市场集群，为其他特色小镇产业转型升级提供了有益的经验。

（二）浙江宁波膜幻动力小镇

1. 小镇介绍

膜幻动力小镇位于浙江省宁波市江北区高新技术产业园，规划面积约3.5平方公里，是一个以膜材料和高端动力装备制造业为特色产业的工业小镇。历经持续发展，小镇已涌现出8家国内行业细分领域的领军企业、11家上市公司。"膜"和"动力"明确指出了小镇的产业方向，即膜材料和动力装备制造产业。尤其是光学膜，使小镇迅速成为国内光学膜产业最为集聚的区域。因此，膜幻动力小镇也被称为中国"膜都"，正逐渐成为全球光学膜领域的创新策源地和产业集聚区。图6.8至图6.12是课题组在调研时拍摄与获取的相关照片。

图6.8　膜幻动力小镇

图6.9　膜幻动力小镇客厅

图6.10　膜幻动力小镇中的企业

图6.11　膜幻动力小镇游客服务中心

图6.12　膜幻动力小镇休憩驿站

2.小镇特色

（1）聚焦高端智造驱动产业升级

膜材料与高端动力装备制造业是膜幻动力小镇的两张"金名片"。在膜材料领域，小镇依托长阳科技、江北激智、惠之星等国内光学膜龙头企业，迅速构建了高度集聚的产业集群，实现了光学膜产业的进口替代和国产化突破。产业链从基膜到功能膜环环相扣，而且在关键领域如反射膜和扩散膜上取得了全球市场占有率第一的成绩，奠定了小镇在全球光学膜市场中的领先地位。凭借在光电膜领域的卓越表现，小镇被中国膜工业协会授予"中国光电膜产业发展示范基地"称号，成为国内光学膜产业最集聚和高端的区域之一。与此同时，小镇的高端动力装备制造业表现不俗，成为另一重要经济支柱。其主要产品涵盖汽车变速箱、涡轮增压器、智能电表等高科技产品，通过技术创新和质量提升，有力推动产业快速发展。这种"双核"产业模式不仅增强了膜幻动力小镇在不同领域的核心竞争力，更提升了区域经济的综合实力，为新材料和高端装备制造的技术升级提供了有力支撑。

（2）人才引领产业发展

新材料产业的发展离不开高端研发机构和人才的强力支撑。膜幻动力小镇始终坚持"产业集聚人才，人才引领企业"的战略方针，持续引进高层次创新人才，已经吸纳了包括各类顶尖人才在内的百余名专家。这些高层次人才形成了一支以"千人专家"为核心的创新创业领军队伍，有力推动了小镇内企业的快速成长与技术突破。正是凭借这支强大的人才队伍，小镇内涌现出多家国家级制造业"单项冠军"企业，以及在专精技术领域表现突出的"小巨人"企业，为产业创新发展注入了源源不断的动力。

（3）机制创新助力产业发展

创新机制为膜幻动力小镇的建设和发展提供了强大的支持和保障。小镇在服务企业方面始终坚持机制创新，通过优化行政流程和提升服务效率，确保企业能够安心运营，无后顾之忧。结合浙江省推行的"最多跑一次"改革，小镇为企业提供了全方位的一站式服务。在政策的保障下，企业可以迅速完成全部审批流程，大幅缩短了项目落地的时间。此外，小镇还为企业提供了土地、税收等方面的优惠政策，进一步降低了企业的运营成本。小镇在土地资源的集约利用上也进行了创新，创造了多功能产业空间的有效布局。通过实施"小镇客厅项目孵化＋联东 U 谷中试运行＋产业用地规模生产"的模式，为初创企业和中小企业提供了从孵化到规模化生产的完整产业链支持。这一机制成功推动了宁波市首个工业用地产权分割试点的落地，解决了中小企业长期面临的用地难、分割难、盘活难等瓶颈问题，获得了政府部门的高度肯定。正是这些机制创新构筑了膜幻动力小镇企业发展的肥沃土壤，推动了小镇产业的快速发展。①

3. 生产、生活、生态空间的协同发展

（1）生产空间

膜幻动力小镇聚焦"膜"这一核心产业，明确了以膜材料为主，覆盖动力装备制造和光电新材料的三大产业集群发展路径。通过引入龙头企业，小镇实现了光学膜的国产化与技术突破，并不断延展产业链，从基膜到高端功能膜，形成了高度集聚的产业生态。此外，小镇注重上下游配套产业的协同发展，引入新材料、机电、电子等企业，增强产业融合与协同效应。通过优化空间布局和集约化资源配置，小镇已成为国内膜材料和高端装备制造的领先基地，彰显出强大的产业竞争力。

（2）生活空间

膜幻动力小镇通过精心规划，打造了优质的生活环境，满足了居民和企业员工的多样化需求。小镇内部配备了酒店公寓、食

---

① 卓璇. 产业"特而高"　环境"小而美"：膜幻动力小镇做足"特"字文章 [J]. 宁波通讯，2020（16）：44-45.

堂、超市、旅游集散中心等生活设施，保障基本生活服务的便利性。同时，10分钟车程范围内，慈城新城的低密度住宅区、宁波妇儿医院北部院区、绿地新都会商业综合体、外国语学校和南京师范大学幼儿园等配套设施进一步提升了生活品质，为居民提供了完善的医疗、教育和休闲选择。[①] 此外，小镇沿路设置了供骑行者和路人休憩的驿站，展现了对生活细节的关注。配套设施的完善，使原本偏远的郊区焕发了生机，小镇由此成为宁波江北城乡协调发展的典范。不仅如此，小镇还依托产业特色，发展了以膜工业科技为主题的工业旅游，打造了国内首个3A级膜工业科技景区，吸引了众多青少年游客前来参观和研学。工业科技研学不仅展示了小镇的产业优势，也为科技教育提供了平台。未来，小镇可以进一步借助研学热潮，开展更多工业科技主题活动，拓展产业融合发展新路径。

（3）生态空间

膜幻动力小镇依托丰富的江河水系资源，打造了生态与人居环境相融合的宜居小镇，建成了功能完善的膜幻公园、滨水草坪、滨水生态林，并建设有沿河的自行车慢行道和游步道，形成了一个集生态、运动、休闲于一体的综合滨水休闲系统。[②] 公园将草坪、森林、亲水平台等元素有机结合，使居民不仅能够欣赏优美的自然景观，还可以体验多样的户外活动。小镇的生态设计在注重功能性的同时兼顾了美学体验，错落分布的景观雕塑和设计作

[①] 卓璇. 产业 "特而高" 环境 "小而美"：膜幻动力小镇做足 "特" 字文章 [J]. 宁波通讯，2020（16）：44-45.

[②] 卓璇. 产业 "特而高" 环境 "小而美"：膜幻动力小镇做足 "特" 字文章 [J]. 宁波通讯，2020（16）：44-45.

品为整个小镇增添了独特的艺术气息，进一步提升了小镇的生态魅力和居民的生活质量，充分体现了生态空间与生活空间共生发展理念。

4. 总结

笔者几次到访小镇，印象最深刻的是在 2020 年前后的一次会议活动中走进了小镇的一家企业车间参观，当时一位企业主管介绍说："我们的设备非常珍贵，是不能中断生产的，因此，车间 24 小时都在工作，工人是轮班的。"小镇已经形成了从基膜到功能膜的完整产业链，年产能占全球光学膜产能的 30%，在全国年产过亿万平方米的企业中[①]，宁波市江北区的两家企业均位于小镇。小镇通过"亩均论英雄"改革，吸引高端要素，推动高效集约化发展。2020 年，小镇入选"第二轮全国特色小镇典型经验"，成为名副其实的"膜都"。凭借政府支持、企业集聚和技术创新，膜幻动力小镇已成为宁波市江北区经济发展的重要引擎，也展示了小镇在推动产业升级和区域经济发展中的关键作用。

（三）浙江杭州龙坞茶镇

1. 小镇介绍

龙坞茶镇位于浙江省杭州市西湖区，素有"千年茶镇，万担茶乡"之称。近年来，龙坞茶镇经历了从传统农业小镇到现代特色茶产业示范区与生态旅游胜地的华丽转身，如今已成为独具魅力的市区旅游目的地和文艺青年网红打卡地。图 6.13 至图 6.30是课题组在调研时拍摄与获取的相关照片。

---

① 洪恒飞，秦羽. 产业组带串起"一区十园"宁波高新区提升发展能级有高招 [N]. 科技日报，2020-05-12.

图 6.13　龙坞茶镇的大茶壶雕塑

图 6.14　龙坞茶镇的导视中
嵌入了茶文化的相关知识

图 6.15　杭州西湖龙井茶博物馆

图 6.16　龙坞茶镇连绵不绝的茶园茶山

图 6.17　龙坞茶镇农家乐

图 6.18　商家为游客准备的"围炉煮茶"

图 6.19　乌龙茶镇生态茶园

图 6.20　龙坞茶镇中的何家村导览设计

图 6.21　何家村的居住环境

图 6.22　何家村市集

图 6.23　何家村法治公园

图 6.24　龙坞运动休闲公园

图 6.25　充满运动活力的何家村

图 6.26　何家村大食堂

图 6.27　杭州市西湖区龙坞幼儿园

图 6.28　长埭村"白桦崊手作园"
创意产业园（一）

图 6.29　长埭村"白桦崊手作园"
创意产业园（二）

图 6.30　龙坞茶镇小镇客厅

　　龙坞地区总面积 24.7 平方公里，共有龙门坑、慈母桥、何家村、上城埭、长埭、大清、桐坞、外桐坞、葛衙庄、叶埠桥、西湖茶场村 11 个乡村。特色小镇区域是以葛衙庄为中心，辐射带动周边共 3.2 平方公里，形成了"一带、两廊、六区"布局。"一带"指文化商业带；"两廊"指龙门溪和上城埭溪生态廊；"六区"指茶镇客厅、国际茶镇产业港、国际茶道园、茶主题文化园、绿色科技总部基地、生活配套区。①

2. 小镇特色

（1）茶文化

龙坞茶镇的茶文化源远流长，最晚到唐代就有种植茶叶的传统，到晚清、民国年间，龙坞的茶叶产业已经十分兴旺。得天独厚的茶文化、优美的茶山、清秀的自然环境让龙坞日渐闻名。盖因乾隆皇帝敕封龙井"十八棵御茶"，龙井茶名冠天下，被誉为"绿茶皇后"。这里定期举办的"茶博会""茶奥会""开茶节"等活动，将这一文化推向更广阔的舞台；小镇还通过设计青少年研学项目，将茶文化与教育相结合。因此，茶文化已成为小镇的文化象征。

（2）茶产业

龙坞茶镇现有茶园茶山 900 余公顷，全年产茶量在 360 吨左右，近七成的西湖龙井茶在这里生产，是西湖龙井的最大产区。②龙坞茶镇注重保护传统茶园和推动有机茶叶种植，同时鼓励茶农采用现代科技手段，提高茶叶的生产效率和质量，促进茶产业的可持续发展。每年三四月，春山被雨，新茶破芽，春茶开采的季节是茶农最繁忙的时候，新鲜采摘后的茶叶还要经历"抖、搭、

① 虞建萍，丁伟杰．"万担茶乡"今蜕变 且看杭州龙坞茶镇绘蓝图 [EB/OL]．（2017-05-19）[2024-10-30].https：//zjnews.zjol.com.cn/zjnews/hznews/201705/t20170519_4012019.shtml.
② 绿城是怎么打造茶主题小镇的？解码杭州龙坞茶镇 [EB/OL]．（2018-05-09）[2024-10-30]. http://www.sydcch.com/dichan/article/050963438.html.

拓、捺、甩、抓、推、扣、压、磨"的炒茶工序。茶农繁忙地采摘和手工炒制新茶，形成了一幅人与自然和谐共生的美丽画卷。

（3）茶生活

龙坞茶镇以茶产业为核心，带动了旅游业的发展。依托丰富的茶山茶园资源，小镇的"西湖龙坞小茶人共富风貌游线"入选浙江省 2023 年度第一批共富风貌游线名单。小镇在不断改善基础设施的同时，积极开发乡村旅游项目和农家乐业务，为游客打造了舒适宜人的度假环境。以"茶文化"为媒，通过"茶产业 + 旅游"模式，龙坞茶镇不仅推动了当地经济发展，也探索出了一条助力共同富裕的新路径。

3. 生产、生活、生态空间的协同发展

（1）生产空间

龙坞茶镇作为一个农业特色小镇，凭借悠久的茶叶种植和加工历史，成为浙江茶产业的重要基地之一。龙坞茶叶交易市场承担着区域茶叶交易的核心职能，周边 11 个村庄的村民巧妙地将茶文化与现代生活相结合，开发了茶文化体验、围炉煮茶等休闲娱乐活动。龙坞茶镇的优美生态和闲适的农家生活，不仅为游客提供了别样的文化体验，也为当地经济注入了活力。

（2）生活空间

龙坞茶镇地处中国著名的旅游胜地杭州市，交通便利，距离市中心和西湖景区仅十几公里，吸引了大量游客前来参观游玩。据当地的一位村民介绍："龙坞近年来发生了巨大变化。过去小镇基础设施落后，卫生环境不佳，经过多轮综合整治，小镇的农居外立面、庭院、公园景观以及天然气设施等都得到了全面提升。居住环境日益优美，村民的主人翁意识和素质也随之提升。曾经电线杂乱、垃圾随意丢弃的现象已不复存在。龙坞从一个脏乱的乡村蜕变为干净美丽的特色小镇，村民感受到环境治理带来的实惠。随着环境改善，小镇的旅游人气持续上升，农家乐生意愈加红火，为当地百姓带来了切实的经济收益。"

笔者在何家村走访过程中，看到村里基础设施完善，村里都是浙江典型的村民自建排屋，三四层的小洋房干净整洁，不少村民还开办了农家乐。何家村茶田边上的小路，有露营基地和未来市集，吸引了许多游客驻足，在这里"围炉煮茶"，享受惬意时光。何家村大力倡导"运动文化"，沿路能看到很多山地车爱好者骑行的身影。村中不仅铺设了专业的骑行道，还建设有智慧医疗中心、食堂、骑行俱乐部、骑行驿站、健身苑、溪水步行道以及一个可容纳千人的大型户外体育综合基地，已经形成非常成熟的乡村运动文化体系，拥有完备的运动路线、设施以及休闲娱乐场所。何家村的静谧与祥和吸引着年轻游客，他们来此住宿、聚餐、品茗、运动、休闲，与一望无际的茶山相伴，放松身心。在互联网的传播下，龙坞已成热门"打卡地"，像光明寺水库和周边面馆、咖啡厅等"宝藏"餐饮地广受关注。得益于良好的基础设施建设，村里社区氛围浓郁，老人们在健身公园带着孙辈玩耍、晒太阳，整个村庄洋溢着幸福与满足的气息。

龙坞茶镇不仅吸引了众多游客，也吸引了一批艺术家在此成立工作室，为村落增添了独特的艺术气息。2017 年，长埭村提出了"塑境长埭·共享未来"的发展思路，并成立了长埭村艺术家委员会，吸引了近 30 位在村居住超过五年的艺术家加入。[1] 艺术家

---

[1] 微信公众号"城市秘密". 龙坞秘境：西湖西溪同云雨 [EB/OL].（2024-09-03）[2024-10-30]. https：//mp.weixin.qq.com/s/1a_atAfyg7w_IoXtKix2VQ.

在长埭村的支持下，将旧厂房和废弃的田屋改造成艺术工作室，逐步建成了"白桦崍手作园"创意产业园，进一步丰富了龙坞的文化内涵。如今，白桦崍手作园已颇具规模，拥有 35 家工作室、汇聚了 40 多个品牌。[①] 龙坞的山水滋养着艺术家，而这些艺术家通过雕塑、木工、陶艺和服饰等文创产业为龙坞长埭村注入了新的生机与活力。在距离九街小镇客厅（游客中心）不远处，博物馆、商业体和学校等设施一应俱全，为居民和游客提供了相对完善的生活配套体系。何家村与长埭村作为龙坞茶镇 11 个村庄中的典型代表，是"三生空间"融合发展的生动缩影。

（3）生态空间

龙坞茶镇依托优越的自然环境，展现出山清水秀、气候宜人的生态魅力，这为高品质茶叶种植创造了得天独厚的条件。当地政府积极推进茶园、水源和自然景观的保护，倡导有机农业与绿色生产方式，并努力打造宜居宜游的生态环境。同时，政府和村民携手参与生态环境的维护与提升，实现了共建共享的可持续发展模式。龙坞茶镇的地理位置也十分优越，位于杭州的"三江两湖"（即钱塘江、富春江、新安江和西湖、千岛湖）黄金旅游线路上。小镇位于西湖的西南侧，与西溪湿地、宋城、白龙潭、灵山等景区相连，交通便利，使游客可以串联周边景区，轻松体验多样的自然风光和人文风景。在笔者即将结束对龙坞小镇的走访时，恰好路过了西山森林公园。此处林木茂盛、步道蜿蜒，为游客提供了绝佳的亲近自然的机会。临近傍晚，景区外的农家乐街区也逐渐热闹起来，游客们纷纷前来品茗、用餐，享受乡村的宁静与

---

① 微信公众号"城市秘密". 龙坞秘境：西湖西溪同云雨 [EB/OL].（2024-09-03）[2024-10-30].https：//mp.weixin.qq.com/s/1a_atAfyg7w_IoXtKix2VQ.

美食。由此可见，龙坞茶镇不仅通过生态环境的保护提升了整体旅游体验，更通过农家乐、茶文化体验等形式让生态资源巧妙转化为经济效益，有力促进了乡村振兴。

4. 总结

龙坞茶镇以其独特的发展路径，生动展现了传统茶文化与现代休闲产业的有机融合。通过精心保护本地文化与自然生态，小镇吸引了大量游客和投资者，为当地经济注入了蓬勃活力，成为乡村振兴的典范。小镇独特的"茶文化＋旅游＋生态"的发展模式，为其他地区提供了可供借鉴的经验。龙坞模式是较为典型的基于特色产业带动旅游业融合发展的模式，分为三个阶段实施："先期打造生态茶园和休闲茶乐园、游客服务中心，通过茶主题旅游形成强势带动；中期建设总部山庄，并同步开展老镇的整治更新，通过新产业和新风貌推动龙坞发展；未来还将引入养生度假功能，并对产业园区进行升级提升，发展创意文化产业。规划统筹龙坞一镇十村，以镇区为龙头，整合周边资源，力图打造完整的大龙坞景区。"[①] 这样的发展路径为未来的乡村建设提供了参考。

第二节　数智赋能乡村振兴

一、作用与前景

数智赋能乡村振兴，是指将数字技术与乡村振兴战略深度结合，通过信息化和智能化手段，推动农村产业升级、社会服务优

---

① 虞建萍，丁伟杰. "万担茶乡"今蜕变 且看杭州龙坞茶镇绘蓝图 [EB/OL]．（2017-05-19）[2024-10-30]. https：//zjnews.zjol.com.cn/zjnews/hznews/201705/t20170519_4012019.shtml.

化和居民生活质量的提升。这一模式不仅有助于提高农村经济的效率、改善农村公共服务，还能为乡村发展带来前所未有的机遇。

（一）提升农村生产效率

随着时代的发展，数智技术在农村经济发展中扮演着愈发重要的角色。

一是农村数字基础设施建设的加速推进为数智赋能奠定了基础。通过宽带网络、物联网设备和云计算中心的建设，越来越多的农村地区得以接入高速互联网，实现了信息化的快速普及，为农业和农村经济的数字化转型创造了条件。

二是数字技术在农业领域的应用提高了生产效率和资源利用率。例如，利用传感器、大数据分析和智能农机设备，农民可以实时监测土壤湿度、温度和气象变化等关键信息，从而合理、精确安排农事活动，包括精准施肥、灌溉和病虫害防治等。这种数字化、精细化的管理能有效减少资源浪费，显著提高农作物的产量和质量。

三是智能农机设备的普及大大减轻了农民的体力劳动负担。自动化的播种和收割设备使得大规模农田管理变得更加轻松和高效，数智化赋能带来的农业技术创新不仅提升了农业的经济效益，还为农村劳动人口提供了更多的高附加值工作机会。

（二）优化农村资源配置

数智技术的应用可以显著提高农村资源的配置效率。

一是数字技术使得农产品的供需信息更加透明，政府和企业可以通过大数据分析市场趋势，合理调控生产和流通环节，减少农产品浪费。这种信息化管理方式有助于优化资源配置，稳定农产品价格，提升农民的经济收益。

二是数字技术有助于提高资源利用效率和完善农村基础设施。例如，通过物联网技术监测水资源的使用情况，能够实现精准的灌溉和污水处理，进而提高水资源利用效率；通过遥感和地理信息系统技术，土地资源的管理也可以得到优化，政府能够更科学地进行农业用地的划分和基础设施布局。

三是数字技术促进了农村经济的多元化发展。电子商务和在线市场平台打破了地域限制，拓宽了销售渠道，农民可以更便捷地将农产品销售到城市乃至国际市场。同时，这些平台的透明价格机制也让农民获得了更公平的收益。除了农产品，特色产业和旅游资源也可以借助数字平台吸引更多消费者，提高农村居民的收入水平。[①]

（三）促进农村创业和就业

数字技术的广泛应用为农村创业和就业提供了新的可能。

一是电子商务的发展为农村企业和个体创业者开辟了新的销售渠道，扩大了农产品的市场覆盖面，提高了农产品的附加值。例如，许多农民通过直播平台销售农产品，实现了从传统农民到"网红农民"的身份转变。

二是数字技术带动了农村新兴产业的发展。例如，农村电商、生态旅游和乡村文化创意产业等为农村年轻人提供了更多元的就业选择，吸引了大量外出务工人员返乡创业。

三是农村信息化培训的推广提升了农民的数字素养和技能，

---

① 章刘成，田昕加，夏萍.数字经济背景下乡村产业融合发展研究[J].商业研究，2024（2）：84-92.

帮助农民更好地适应信息社会的变化，从传统农业劳动者转型为"数智化新农民"。

（四）改善农村居民生活

数智赋能对农村生活的方方面面都产生了影响。

一是改善了农村的公共服务。例如，通过建立农村信息化服务体系，农民可以在家中享受到与城市同等水平的远程医疗和在线教育服务。

二是提升了农村生活的便利程度。智能家居设备的普及使农村居民能够享受现代化的生活方式。此外，数字技术的发展使物流配送更加高效，网购和快递服务的便捷性让农民不再受制于传统的商业环境，农民的生活更加便捷和舒适。

三是促进了社会交流与互动。通过社交媒体和数字化乡村社群建设，农村居民能够更方便地与外界保持联系，甚至可以通过直播分享乡村生活和农业生产的点滴，增进了城乡之间的了解。

二、产业模式

（一）数字文化创意产业

数字文化创意产业是现代信息技术与文化创意深度融合的产物。利用数字化手段对文化遗产、艺术品、文化产品等资源进行保护、传播、创新和生产，不仅推动了文化产业朝着多元化发展，也深刻改变了文化资源的利用方式。该产业涵盖了数字化内容创作、数字艺术制作、数字文化产品销售等多个领域。与传统文化产业相比，数字文化创意产业具备以下几方面的优势：

一是创新优势。数字文化创意产业的核心在于将现代数字技术与传统文化元素相结合，实现传统文化的再设计和再演绎。例如，借助增强现实（AR）、虚拟现实（VR）等技术重现传统的历史故事和民间传说，观众可以沉浸式体验不同文化的魅力。这样的创新极大地增强了文化资源的吸引力与感染力，为传统文化注入了新的生机和活力。

二是全球化传播优势。通过互联网等数字化传播渠道，数字文化创意产品能在短时间内触达全球受众。这种全球化传播有效推动了文化的跨境流动，增强了文化的包容性与多样性。

三是经济价值创造优势。以数字艺术、线上表演和创意游戏等为代表的数字文化产品，不仅满足了消费者的文化需求，还带动了文化消费的升级，催生出新的经济增长点。与数字文化创意产业相关的行业也随之发展，从而创造了大量的就业创业机会。尤其是在一些经济欠发达地区，数字文化创意产业能为当地经济注入活力，推动区域经济的发展。

四是文化保护优势。在保护传统文化方面，数字技术的应用具有极大的优势。通过数字化手段，文化遗产可以被完整记录和保存。例如，利用 3D 扫描技术可以对历史建筑、文物进行精细建模，实现文化遗产的数字化保护，这为后续的文化研究、文化再现和创新提供了坚实的基础。

（二）数字农业与农村电商

数字农业和农村电商的结合给现代农业和农村经济的转型发展带来了全新的可能性。数字农业利用先进的数字化和智能化技术，保障农产品的质量和产量；农村电商通过线上销售平台为农产品搭建了直接面向消费者的销售渠道。数字农业和农村电商的协同合作，形成了一条从生产到销售的完整数字化链条，使农业的生产与流通更加高效、透明，助力乡村经济的可持续发展。数字农业与农村电商的结合带来的改变主要有以下方面：

一是智能农机具的应用。智能农机具的应用大幅度提升了农业生产的自动化水平。例如，无人机在农业中的广泛应用已经覆盖了种植、施肥、喷洒农药等各个环节，大大降低了人力成本，提高了农业生产的效率。智能种植设备则通过自动化控制和精准操作，使生产管理更加智能化，有助于实现大规模农业生产中的精准化操作，为农业现代化奠定了技术基础。

二是远程监测技术的应用。借助传感器、监控摄像头等设备，数字农业实现了对土壤、气象、作物生长等条件的远程监测，这有助于农业生产者随时获取农田的实时数据，对作物生长情况、病虫害情况等问题做出迅速反应，为农业生产提供了技术保障。

三是农业大数据的应用。通过数据采集和分析系统，大数据分析可以结合历史数据和实时数据，预测作物的最佳种植时间和收获期，并根据市场需求调整生产规模，从而提高农产品的市场竞争力。农业生产者还能在海量的生产数据中发现潜在的生产问题，作出精准的生产决策，优化农业资源配置，提升农业管理的科学性。

四是精准农业技术的应用。与传统农业粗放式操作不同，精准农业通过对地块特征和作物需求的详细分析，实现精准施肥、精准灌溉等。这些技术措施不仅能提升农作物的产量，还能减少化肥和水资源的使用，降低环境负荷，为绿色农业发展提供了一条可行之路。

五是农产品线上销售渠道的拓宽。数字农业生产的优质农产品，通过农村电商的销售渠道，打破了空间壁垒，实现了生产端与消费端的紧密对接。农村电商运营模式灵活多样，有助于农产品的高效流通和价值提升，是乡村经济发展的催化剂。线上销售模式改变了传统的农产品线下供销模式，极大拓宽了农产品的市场，为农民带来了新的收入来源。

六是产地直采模式的推广。电商平台直接与农户合作，实现农产品的产地直供，减少了中间环节，使消费者能以更优惠的价格买到原产地新鲜农产品，同时也为农民带来了新的销售渠道，降低了农产品滞销风险。

七是农产品定制化服务的开展。为了满足消费者的个性化需求，一些电商平台推出了农产品定制化服务，消费者可根据需求指定农产品包装、品种等。这不仅提升了消费者的购物体验，也增加了农产品的附加值。

（三）数字旅游服务

如今，许多特色小镇和古镇古街纷纷采用了智慧旅游导览系统，并开发了虚拟旅游体验项目，借助数字化手段提升游客的旅游体验。数字游览服务是利用数字化技术为游客打造沉浸式的旅游体验。游客通过手机应用、网站或虚拟现实设备，在数字虚拟空间中探索景点、博物馆、风景名胜等，获取当地文化和历史信息。这种便捷且多样的线上旅游体验，突破了时间和空间的限制。具体形式如下：

一是虚拟导览系统。虚拟导览系统让游客在不实际到达目的地的情况下，通过手机、平板或虚拟现实设备，就能了解目的地的建筑、历史、景观和文化。

二是增强现实体验。AR 技术将数字信息叠加在真实场景中，使游客能够在游览时获得更丰富的文化信息。AR 技术在特色小镇和古镇古街中应用广泛，有助于游客深度理解历史情境。

三是远程导游服务。远程导游是一种通过网络直播带领游客"云游览"的服务，尤其适用于那些不便开放的景区。由经验丰富的导游通过直播的形式为游客详细讲解景点的历史背景、风土人情和独特之处，可以在一定程度上满足观众的文化需求和探索欲望。

四是文化艺术体验。在博物馆、美术馆等文化场所，游客通过线上展示技术观看珍贵的历史文物和艺术精品的高清图片、360度全景和解说视频等。这种形式不仅为文物保护提供了新途径，也使文化艺术的推广更见成效。

五是交互式体验。虚拟空间的交互式设计让游客可以在数字环境中参与各种互动体验。例如，游客可以"穿越"到历史场景中，重演一场古代商贸活动，感受当时的生活氛围。交互式体验尤其受到年轻游客的喜爱，成为智慧旅游的亮点之一。

（四）智能仓储物流

在数字经济时代，智能仓储物流作为现代供应链管理的重要组成部分，其技术和模式创新正为乡村经济的发展注入新的活力。智能仓储物流通过自动化设备、智能监控系统和优化算法，大幅提高了作业效率和运营效率，显著降低了人工成本、能源消耗、运输费用，使供应链各环节能够灵活地调整库存和配送策略，快速响应市场需求的变化。同时，通过实时数据共享，实现了各节点之间的高效协同，减少了信息不对称，提升了供应链的透明度和可控性。此外，借助环境监测、追溯系统和质量控制机制，智能仓储物流确保了产品在存储和运输过程中的质量与安全，从而优化了整个供应链的运行。

三、做法列举

特色小镇会客厅是特色小镇建设中的关键组成部分，通常也承担着小镇游客服务中心的功能。在数字化时代，小镇会客厅更是特色小镇数字化与智能化融合的核心枢纽。

（一）数字化展示和导览功能

小镇会客厅的功能是为居民和游客提供导览与信息服务，涵盖小镇的历史底蕴、文化内涵、产业特色等多方面内容。小镇会客厅作为社区服务平台的抓手，通常会发布社区活动信息、公告通知，举办社区议事活动，是居民了解社区动态并参与社区事务的重要场所。例如，在浙江宁波江北膜幻动力小镇会客厅中，游客可以借助虚拟漫游设备畅游小镇。再如，在浙江宁波江北前洋E商小镇会客厅中，游客通过手机扫码的方式即可轻松获取详细的讲解信息，深入了解小镇的特色与风貌。（图6.31、图6.32）

图 6.31　膜幻动力小镇虚拟漫游体验设备

图 6.32　前洋 E 商小镇会客厅智慧有声讲解设施

（二）智能化指引和服务功能

小镇会客厅整合了智能化服务，为访客提供了互动式获取小镇信息的便捷途径，方便他们查询地图、活动和各类服务等。一些小镇会客厅提供沉浸式体验，借助 VR 技术让游客全方位了解小镇信息，并参与到相关特色活动中。例如，宁波江北膜幻动力小镇会客厅设置了互动区块，游客可以通过触摸屏幕、使用智能设备，在极具趣味性的闯关游戏中了解中国"膜都"。这种寓教于乐的方式不仅增加了信息获取的趣味性，也让游客对小镇的特色产业有了更加深刻的认识。（图 6.33）

图 6.33　膜幻动力小镇会客厅的智能化、互动式设施

四、案例解析

（一）浙江乌镇

1. 小镇介绍

乌镇位于浙江省嘉兴市桐乡市，是江南六大古镇之一，地理位置十分优越。乌镇以其深厚的历史文化和独特的水乡风貌而著称，总规划面积为 14.5 平方公里，定位为互联网小镇以及文旅融合发展示范区。乌镇将传统文化与现代科技相结合，致力于打造一个兼具历史底蕴与创新活力的特色小镇形象。1999 年，乌镇启

动了对历史街区的修复和保护工程，以修旧如旧的方式重现了明清时期水乡古镇的风貌。2003 年的西栅改造项目让乌镇从观光型景区转变为休闲体验型景区。基础设施提升、景区优化改造以及文化资源的挖掘与利用，让乌镇逐渐从一个传统的小渔村逐步发展成为中国知名的旅游胜地。近年来，乌镇每年都举办世界互联网大会、乌镇戏剧节等重大活动，这更是为其添加了现代科技元素、国际化元素与艺术元素。

2. 小镇特色

（1）重点发展旅游业

乌镇在发展旅游业方面进行了多层次的探索和创新。例如，突出本地水乡文化，保留和修复了大量明清时期的古建筑；将蓝印花布制作、皮影戏、赛龙舟等文化项目办出特色，吸引游客深度参与和体验。

（2）注重产业培育

每年在乌镇举办的世界互联网大会，极大地促进了当地互联网及高新技术产业的发展。乌镇戏剧节、艺术节等文化盛会丰富了小镇的文化艺术内涵，带动了文化创意产业的蓬勃发展。这些展览展会的成功举办带来了新的经济增长点和产业升级机会，有助于乌镇实现传统文化与现代产业的有机结合。

（3）持续完善社区参与机制

乌镇高度重视社区居民的积极参与，不断健全社区参与机制。当地居民可以申请资金用于修缮自家老宅、举办社区文化活动等。社区居民同时也是小镇的"管理者"，参与小镇旅游服务、环境保护、文化传承等多个方面的工作。在乌镇，居民共享小镇发展所带来的红利，并在保护传统文化与生态环境方面提供力所能及的支持。

3. 生产、生活、生态空间的协同发展

（1）生产空间

乌镇通过引入现代产业和技术手段，优化了生产空间，增强了经济活力；依托尖端信息技术发展智慧旅游，提高了旅游服务质量。智能导游系统能为游客提供实时导航和语音讲解，电子票务系统则简化了购票流程，提升了运营效率。此外，乌镇设立文化创意园区，为艺术家和创意企业提供平台，促进新兴创意企业成长，并通过互联网大会、戏剧节等活动吸引国内外游客，开拓市场、提升知名度，带动相关产业发展。

（2）生活空间

乌镇的生活空间和生产空间既有重合之处又有所区分。乌镇旅游业较为发达，当地居民积极参与其中，如开办民宿、餐馆、手工艺品店等。因此，乌镇是一个典型的生活空间和生产空间重叠的特色小镇。此外，乌镇以开放治理模式著称，鼓励居民广泛参与小镇规划与管理，通过多种渠道让居民提出建议，增强社区凝聚力。乌镇大力建设公共基础设施，包括现代化医疗中心和教育设施等，提升了居民的生活幸福感、社区安全性和生活便捷度。

（3）生态空间

乌镇通过水体和绿地的系统修复和维护，有效治理水污染，增加绿化面积和城市公园，为居民和游客提供休闲场所。此外，为减少碳排放和化石能源的消耗，乌镇积极推广应用可再生能源，在公共建筑及居民区普及太阳能热水系统和光伏发电设备，逐步降低对传统能源的依赖，促进了经济效益与生态保护之间的

平衡。

4. 总结

乌镇通过结合传统文化与现代科技，从一个古老的水乡小镇转变为旅游胜地，推动了当地经济和文化的繁荣发展。世界互联网大会和乌镇戏剧节等活动的举办有效提升了乌镇的国际知名度，促进了高新技术产业和文化创意产业的发展。通过发展智慧旅游、鼓励公众参与和加强生态保护，乌镇实现了生产、生活、生态空间的协调发展，成为乡村振兴与新型城镇化的典范。未来，乌镇要警惕古镇古街文化同质化和过度商业化现象，进一步挖掘和保护本地独特的文化遗产，培育多元化产业，增强经济韧性，实现可持续发展。

（二）浙江宁波前洋 E 商小镇

1. 小镇介绍

前洋 E 商小镇位于浙江省宁波市江北区的前洋经济开发区内，毗邻宁波北门户沈海高速宁波北出口，向东是大海、向北是上海。小镇东沿广元路、南至北环西路、西至绕城高速、北抵长阳路，距离宁波主城区约 15 公里，附近有宁波绕城高速、杭甬高速、宁波铁路北站、萧甬铁路、宁波栎社国际机场，还有轨道交通 4 号线横亘，区位交通便利。

前洋 E 商小镇位于"一带一路"经济圈、长三角都市圈、宁波港口经济圈。小镇规划面积约 2.9 平方公里，项目总建筑面积约 11.3 万平方米，总投资约 8.4 亿元。2015 年前后，发展电子商务经济成为全球性、全国性的大浪潮，在宁波市委、市政府"以电商经济为引领，加快打造现代服务业高地"的战略指引下，前洋 E 商小镇深入实施"互联网 +"战略，打造成为宁波最大的产业电商集聚地，并力争成为"国家电子商务强市"和"国际电子商务中心城市"。小镇的建设和发展有利于宁波电子商务经济在产业规模、功能平台等方面迈上新台阶。前洋 E 商小镇以港航物流、B2B 平台、跨境电商、"互联网 +"、B2C 零售等电商产业为核心，重点集聚发展"1+4"产业，着力打造服务国家"一带一路"倡议和宁波港口经济圈的全国电商经济创业创新高地、宁波新型城市经济集聚平台，力争建设成为在国内外具有一定影响力的电商经济特色小镇。（图 6.34）

图 6.34　前洋 E 商小镇会客厅局部

在空间布局上，前洋 E 商小镇分为核心区、拓展区、联动区。以核心区为小镇主要空间用地，辐射周边物流中心以及电子

商务产业园区。核心区是宁波江北姚江北岸特色小镇区域，规划
用地总面积约2.9平方公里。拓展区由宁波电商城物流中心和姚
江新区启动区6、7号区块等组成，规划用地总面积6.67平方公
里。①联动区为宁波电子商务"一城两区一中心"中的海曙园区，
以及市内其他电子商务产业园等。"涅槃成蝶，'梦'创港航"，前
洋E商小镇以"创""梦"为理念，对小镇两翼区块进行功能划
分。各区域功能互补、协同发展。（图6.35、图6.36）

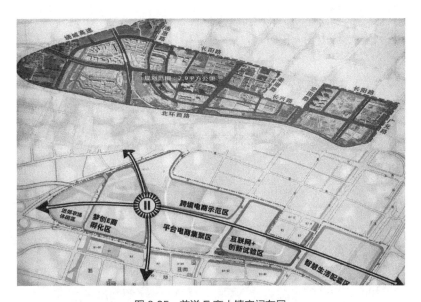

图6.35　前洋E商小镇空间布局

---

① 张正伟，吴红波，阮瑶娜.宁波打造电商经济"前洋创新高地"[N].宁波日报，2015-10-
27.

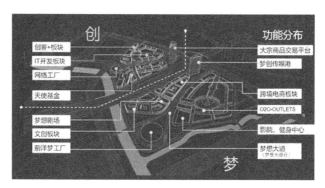

图 6.36　前洋 E 商小镇功能分布

2. 小镇特色

前洋 E 商小镇是以电商经济成长起来的信息经济型特色小镇，依靠引进"四梁八柱"型企业和打造产业梯队，形成了集大宗商品 B2B 交易、跨境电商贸易、"制造业 +"、供应链金融于一体的产业生态。

（1）打造大宗商品电商交易平台

前洋 E 商小镇整合现有大宗商品交易市场，特别是宁波支柱产业石化大宗商品，推动资源共享、集成电子交易、物流信息、金融等系统建设，促进商流、物流、信息流和资金流集聚，形成强大的规模优势，创建了有一定知名度的大宗商品交易结算中心。

（2）开启海运订舱新模式

前洋 E 商小镇积极招引中海集运的订舱跨境电商平台落户，利用宁波新铁路货运北站的便捷运输和电商物流中心资源，建设基于铁路的贸易及第四方物流平台。

（3）"智慧产业 + 教育"模式

前洋 E 商小镇采用"入院办学、园院融合"的办学模式，与浙江工商职业技术学院合作，共建宁波市电子商务学院，开展电子商务人才培养，打造宁波市电子商务学院落户宁波电商经济创新园区，投入实质性运营。此外，小镇与企业合作共同推进浙江电商大学创建工作，共同搭建省级电商人才培训认证体系和在职高端电商人才培训平台，打造电商孵化基地。

（4）引进总部经济和电商总部类企业

前洋 E 商小镇通过电子商务洽谈会、网商大会等形式，积极吸引各类电商及总部经济企业入驻；通过提供政策支持、优越的营商环境以及配套服务，吸引更多的企业在此发展，推动该地区成为电子商务和总部经济的重要聚集地，不断完善产业生态。

3. 生产、生活、生态空间的协同发展

前洋 E 商小镇规划形成"一心、两轴、六片区"的发展格局，以港航物流供应链为核心产业，着力打造全国重要的港口经济圈电子商务中心、宜居宜业宜游的信息经济小镇。"一心"即以前洋 E 商小镇为核心区，辐射拓展区和联动区。"两轴"即小镇六片区分布于小镇南北、东西两个走向的轴线上，形成宜居宜业宜游的小镇形态。"六片区"即近郊农场休闲区、梦创 E 商孵化区、平台电商集聚区、跨境电商示范区、"互联网＋创新"试验区、智慧生活配套区。

（1）生产空间

前洋 E 商小镇的生产空间以发展电商经济和大宗商品交易平台为主，承担特色小镇商务办公、创新创业方面的需求。"8718前洋平台"是小镇企业的公共服务平台，企业可以在这里寻求政策解读、民生需求、企业融资等方面的专属服务。

（2）生活空间

前洋 E 商小镇的生活空间主要集中在小镇南区及小镇周边延

伸路段，涵盖了产业配套、公共展示、生活配套、休闲旅游等方面。小镇会客厅位于南北区交会点，集中承担了前洋 E 商小镇的展示、产业提升、旅游接待等功能。小镇交通便利，除了地铁 4号线横贯小镇，居民和企业员工可以通过新能源大巴和电商专线班车、公交线路、共享单车等实现通勤以及短途出行的需求。小镇有公寓 1000 余套，提供给在小镇工作的人才，有商务酒店 3家，公共食堂 7 个。云谷社区生活配套完善，通过实施甬城"一刻钟便民生活圈"，不仅提高了小镇人气，也提高了空间利用率和布局紧凑性。小镇合理的空间布局使居民的生活更加便利和高效，多元化的休闲和娱乐选择大大提高了小镇居民的生活幸福指数。（图 6.37）

图 6.37　前洋 E 商小镇"一刻钟便民生活圈"

（3）生态空间

前洋 E 商小镇的生态空间以田园休闲区内的 CSA 农业园、前洋生态农庄、农庄雅苑，以及小镇湖畔周边的亲水平台、公园等为主体，沿湖两岸散落有9个亲水景点，宁波著名旅游景点慈城古镇、保国寺等也在小镇不远处，可供居民和游客休闲游玩，实现了生态保护与经济发展的平衡。（图6.38、图6.39）

图6.38　前洋E商小镇叠石平台　　　　图6.39　前洋E商小镇文化标语
　　　　和沿湖步行栈道

4. 总结

"甬创未来，逐梦前洋"作为标语矗立在前洋E商小镇的路边。事实上，路边的标语远不仅如此，更多出现的是"YOUNG"，过街人行道的石墩上都镌刻着代表互联网的"e"，还有几座文化景观雕塑，都彰显着小镇的电商特色和创新精神。走在小镇里，能深刻感受到浓厚的电子商务文化气息。宁波人以开放、敢为的弄潮儿精神，在前洋E商小镇续写着新时代的"E商文化"篇章。

（三）浙江杭州未来科技城

1. 小镇介绍

未来科技城坐落于浙江省杭州市，在中国特色小镇规划设计工作方面有较为突出的成就，云栖小镇、梦想小镇、人工智能小镇皆落户于此。其发展历程充分展现了数智赋能乡村振兴的成功路径。未来科技城的起步可以追溯到杭州市政府极具前瞻性的发展规划。为引领杭州乃至中国的数字科技产业发展，杭州市政府吸引高科技企业，建立了一批科技园区，这为未来科技城内特色小镇的发展提供了强大的科技创新动力。未来科技城逐步发展成为特色小镇的孵化器。

2. 小镇特色

（1）数字化与智能化

未来科技城拥有顶尖的数字技术基础设施，包括高速网络、云计算中心、数据中心等，为企业提供了强大的数字化支持，使其能够在人工智能、大数据、互联网等领域迅速发展。这些先进的基础设施和开放创新的小镇氛围，像肥沃的土壤，滋养着科技创新的种子茁壮成长。

（2）高新产业集聚

未来科技城集聚了数字经济和智能科技产业，吸引了全球各类高科技企业，包括初创公司、跨国科技巨头和研发中心。这种产业集聚效应加速了科技成果的孵化和转化，推动了数字经济的快速增长。

3. 生产、生活、生态空间协同发展

（1）生产空间

未来科技城聚焦数字科技领域，包括人工智能、大数据、云计算、物联网等前沿技术。产业集中使其成为创新和科技发展的中心，各种高科技企业在小镇内蓬勃发展，形成了完整且富有活力的数字产业链。政府提供了税收优惠和政策支持，鼓励科技创新，这为企业提供了稳定的经营环境。同时，特色小镇的发展也不断吸引高新技术人才的落户，促进了知识交流和创新思维的传播。此外，通过与高校和研究机构建立紧密联系，未来科技城还

促进了科研成果的商业化应用，让科技成果能够迅速转化为现实生产力。在区域合作与竞争力方面，未来科技城积极与周边城市和地区建立合作关系，共享资源和市场，通过优势互补，实现了生产空间的协调发展。

（2）生活空间

未来科技城建设了现代化住宅区，提供高品质的住房，改善了居民的居住条件。居民在未来科技城能够轻松享受各种服务，提高了生活的便利性，真正做到了安居乐业。未来科技城鼓励居民参与志愿者工作和公益活动，增强了社区凝聚力。未来科技城的高新技术企业吸引了来自不同地区的众多人才集聚。多元文化和包容性提高了生活空间的质量，有助于创造一个更加和谐、平等的社会氛围，进一步提升了生活空间的品质。

（3）生态空间

未来科技城将可持续发展原则贯穿于城市规划和资源管理中，公园、湖泊和绿化带为居民提供了休闲和娱乐的好去处，让人们在忙碌的生活中能够亲近自然。

未来科技城利用数字技术来监测环境质量和资源利用情况，使用传感器和数据分析来实时监测空气质量和水质。数字技术还用于优化城市基础设施，例如节能照明、交通管理和废物处理等，有效减少能源消耗和碳排放，促进了生态可持续发展。未来科技城积极开展生态教育。学校和社区组织开展环保宣传，向居民介绍环保知识，倡导可持续生活方式，培养居民的环保意识。

4. 总结

未来科技城是一个特色小镇的孵化器，在投资吸引力、创新生态系统、数智化管理等方面，其都展示了数智赋能乡村振兴的成功路径。今后，未来科技城应继续在数智领域精耕细作，引领科技发展潮流，为区域经济社会发展和乡村振兴作出更大贡献。

第三节　文旅赋能乡村振兴

一、作用与前景

特色小镇是"产城人文"融合发展的创新平台，是文旅融合视角下推动乡村振兴的关键载体，也是布局城乡空间的关键节点。特色小镇能辐射地域公共文旅空间，形成带有个性化的发展平台，有效提振区域经济，为乡村振兴注入新动力。

（一）提炼特色小镇文旅特色

特色小镇拥有独特的自然景观、深厚的历史文化以及浓郁的民俗风情。全面梳理这些资源，明确自身竞争优势，是打造具有鲜明地域特色的文旅小镇的基础。为了确保文旅特色小镇具备独特的文化记忆和创新承载力，还需要深耕丰富的文化旅游资源，推动乡村改造升级，保护并开发特色文旅特质。这不仅能吸引游客的目光，避免同质化竞争，还能保障文旅产业的可持续发展。

（二）强化特色小镇配套建设

特色小镇应加大对基础设施的投入，提升交通、住宿、餐饮和娱乐等设施的质量，同时注重生态保护和景观美化，打造一个宜居宜业宜游的小镇环境。特色小镇还应贯彻绿色可持续发展的理念，积极改善生态环境，推进植被恢复和水质净化等工程。同时，通过开展生态教育和加强环保宣传，增强公众的生态保护意识，形成全社会共同参与生态建设的良好氛围。此外，应整合大数据、人工智能、物联网、5G通信和云计算等先进技术，对小镇的基础服务设施进行升级改造，为旅游产业的发展提供保障。

（三）彰显特色小镇品牌魅力

文化是特色小镇塑造独特文旅品牌的灵魂所在。特色小镇可以通过举办丰富多彩的文化节、民俗活动和艺术展览等，深度挖掘本地文化、非物质文化遗产及民俗风情。同时，特色小镇应紧跟政策导向，结合现代审美观念和市场消费趋势，不断创新文化表现形式，打造富有吸引力的文旅品牌。例如，通过策划具有本地特色的节庆活动、设计独具风格的建筑样式以及推广当地美食和生活产品，构建一个集"吃、住、行、游、购、娱"于一体的综合文旅基地，实现从"送文化"到"种文化"和"学文化"的转变，使地域文化焕发新的生机和活力。

（四）优化特色小镇产业格局

在文旅市场不断演变的背景下，特色小镇需动态调整产业结构。例如，通过提供高质量的农庄旅游服务，为消费者打造独特的乡村旅游体验，满足他们对乡村生活的向往。再如，拓展乡村康养旅游，涵盖康体养生、休闲体验、文化度假和农事活动等领域，并针对不同消费群体的偏好进行产品设计，适应多元化市场需求，提升小镇产业的竞争力。

（五）甄选特色小镇文旅业态

在文旅融合的大趋势下，特色小镇需积极探索智慧旅游、乡村旅游和生态旅游等新型文旅形式以吸引更多游客，满足游客日益多元化和个性化的消费需求。在智慧旅游方面，运用大数据、云计算和物联网等现代信息技术，构建智能乡村旅游服务平台，实现对旅游信息的高效采集、处理和发布，从而提供更加便捷的旅游体验。乡村旅游则注重回归自然和体验乡村生活的理念，依托优美的自然风光、田园景致和独特的乡村文化，设计旅游线路，开发文旅产品，提高小镇的知名度。此外，生态旅游强调对环境的保护，特色小镇可以通过建设生态公园、自然保护区和生态农场等项目，或引入农事体验、民宿等业态，倡导人与自然和谐共生的理念，打造多元化、个性化的城乡一体化文旅产业链。

二、产业模式

近几年，特色小镇文旅已经从传统旅游逐渐升级为"泛旅游"。学者普遍认为，中国文旅类型的小镇的发展经历了四个迭代升级的过程：依靠自身生态和文化禀赋创造旅游景点的文旅小镇；依靠特色主题立镇、有强竞争力、强运营能力的文旅小镇；具备差异化竞争优势，在同质化文旅小镇竞争中脱颖而出，运营10年以上且环境优美的文旅小镇；有绝对资源优势，文旅资源不可被复制，且平台化运营模式成熟，有支柱产业与特色文化的文旅小镇。目前，国内文旅小镇的产业发展模式主要有"旅游+""文化+""产业+"三大类别。

当下，网络上流行一种名为"下沉式"文旅的新兴旅行方式。游客不再热衷于热门景点和拥挤人群，而是将目光投向乡村、村寨等地，探索那些尚未被广泛发现的"宝藏目的地"，体验当地的风土人情和独特乐趣。这种趋势表明旅游市场正朝着更加精细化、

差异化和个性化的方向发展，旅游的目的从过去的开眼界、求新
奇逐渐转变为放松身心和沉浸体验。"下沉式"文旅的兴起，将旅
游资源和文化活动引入乡村地区，其在发展模式上体现了"泛旅
游"的概念。"泛旅游"不同于观光、休闲、度假等传统旅游形式，
更侧重于集趣味性、艺术性、知识性、刺激性于一体的体验消费。
（图6.40）

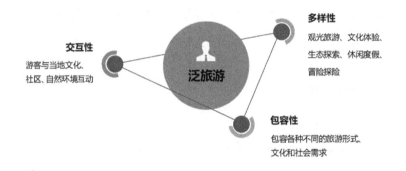

图6.40 "泛旅游"的概念内涵

"文化产业和旅游产业密不可分，要坚持以文塑旅、以旅彰
文，推动文化和旅游融合发展，让人们在领略自然之美中感悟文
化之美、陶冶心灵之美。"党的二十大报告对繁荣发展文化事业和
文化产业作出重要部署，提出"推进文化和旅游深度融合发展"。
但是，在特色小镇建设过程中，部分地区"重用轻保、重旅轻
文"，导致文旅型特色小镇存在文化内涵挖掘不足、商业气息过浓
的问题。特色小镇实现文化和旅游深度融合，必须深入挖掘文化
资源，提升旅游的文化含量，保留地域特色，创新呈现形式，并

利用科技手段增强旅游体验。①

三、做法列举

乡村文旅的总体思路是以地域文化、乡村生态为主线，进行生产、生活、生态空间的精心规划与设计。一是产业融合，实现产业联动与产业升级，构建多元化的产业发展格局，增强乡村文旅产业的综合竞争力；二是区域融合，联通周边资源，形成乡村振兴集群效应，通过优势互补，提升乡村文旅的整体吸引力与影响力；三是文化融合，将乡土历史、乡土文化、乡土风俗、乡土人物、农事生产、节庆活动等珍贵的乡村资源进行串联和整合，通过场景化营造提升城乡一体化过程中的文化与旅游产业的活性；四是建筑融合，新建建筑与原始建筑应有较高适配度，既保留乡村的原有风貌，又满足现代旅游的需求。总之，乡村文旅应在提炼乡村文化、优化景观设计、讲好乡村故事，传递地域文化、农耕文化和民俗文化等的同时，实现心灵疗愈，丰富生活体验，提升居民收入水平。

当前发展乡村文旅的热门做法是以乡村资源为依托，开展寓教于乐的研学活动，将"静态遗产"转化为"动态经济"，激活乡村产业新功能，增强文化传播力与认同感。

---

① 微信公众号"浙江宣传".谨防"重用轻保、重旅轻文" [EB/OL].（2024-06-22）[2024-10-30].https://mp.weixin.qq.com/s/5vtIi-6Mknq9zM937QSSFg.

（一）生态研学

1. 基地构想

（1）将基地规划与地域文化、乡村生态相结合，突出乡土历史、文化、风俗和人文资源的保护与传承，筑牢乡村文化根基。（图6.41）

（2）以农事生产、传统节庆、民俗表演等为主题，打造具有浓厚地方特色和历史内涵的乡村研学体验项目。农事体验由原先千篇一律的采摘项目逐渐调整为稻田采割、种菜体验、动物养殖、野营露营等活动，更强调知识、技能、情感的运用与传递。

2. 设施规划

（1）强调景观设计。在基地内设置田园研习中心、特色民宿、乡村图书馆、展览馆等设施，将观光、研学、休闲和情感交流融为一体，打造沉浸式体验环境。

（2）增设亲子互动空间。设置农事体验区、亲子游戏乐园等场所，为家庭提供亲子互动和农耕体验的平台，在增进亲子关系的同时传播乡村文化。

3. 教育项目

（1）优化研学课程。结合地域文化和农耕传统，开发丰富多彩的研学课程，使参与者全面了解乡村历史、传统农耕文化及自然生态环境，拓宽知识视野。

（2）强化情感交流。注重叙事性空间的打造，通过讲述乡村故事、民俗传说等方式，引导参与者深入感知乡村文化的魅力，增强文化认同感。

研学效果

- 初级阶段：了解基本的乡村生态知识和农耕文化，培养对自然环境的观察力。
- 中级阶段：参与农事体验、生态保护实践等，激发对环境保护的积极态度。
- 高级阶段：开展小型研究课题，深入探讨可持续农业发展、生态保护等议题，培养批判性思维和解决问题的能力。

研学层次

- 基础知识学习：介绍乡村生态基本概念、生物多样性等内容，建立基础知识框架。
- 实地考察：走进田野、走进社区，亲身感受不同生态系统和农村社会文化，拓宽认知边界。
- 项目研究：围绕当地生态环境、农业发展等议题，开展小规模的研究项目，提升研究能力。

研学目的

- 增进对自然环境的了解：通过实地考察和体验，激发研学人员对自然环境的关注和热爱。
- 传承当地文化：挖掘当地的传统文化、民俗风情，传承乡村记忆。
- 推动可持续发展：引导研学人员思考生态保护和农业可持续发展的路径，培养责任感和行动力。

图 6.41　生态研学的效果、层次、目的

4. 可持续发展规划

（1）发展乡村旅游精品线路。充分挖掘乡村的文化资源，强化乡村生态与地域特色的结合，创造丰富多彩的空间和活动，开发丰富多样的乡村旅游线路，让游客体验乡村风情。

（2）拓展农民增收途径。在基地内设置特色集市，搭建当地农产品和手工艺品交易平台，带动农民增收。例如，浙江省安吉县鲁家村利用其丰富的自然资源，在竹林、茶园和生态农田中建立研学基地，学员通过实地参观和动手操作，亲近自然，了解农业生产、种植与制作工艺。同时，营地中还设有萌宠乐园、CS战场、荒野厨房、草垛射箭、小龙虾池、古树攀岩、山野溯溪、泡泡乐园等游乐设施及项目，有助于更好地开展户外亲子互动活动。（图6.42、图6.43）

图6.42　稻田民宿设计示意　　图6.43　乡村图书馆设计示意

（二）文化研学

1. 基地构想

（1）将基地规划与地域文化、历史遗产保护相结合，突出当

地传统文化、风土人情和历史资源的传承和保护，让文化底蕴在现代得以延续。（图6.44）

（2）将民俗表演、传统手工艺体验等作为特色项目，为游客提供具有浓厚地方特色和深厚历史内涵的文化研学之旅。

2.设施规划

（1）设立多功能展示空间。在基地内设置文化陈列馆、传统工艺作坊、表演舞台等设施，呈现当地富有特色的传统文化和艺术形式，使之成为文化展示的窗口。

（2）创设亲子互动场所。创设传统文化亲子游戏体验区、手工制作工坊等，为家庭成员提供共同参与文化体验的空间，增进亲子关系。

3.教育项目

（1）个性化定制研学课程。结合当地文化、传统艺术，为不同年龄段的学生和游客设计丰富多彩的研学项目，使参与者全面了解当地历史、传统文化及民间艺术，实现文化的多元传播。

（2）强化情感交流。通过互动讲解、传统技艺展示等方式，引导参与者深入感知当地文化的魅力，让文化在情感共鸣中得以传承。

4.可持续发展规划

（1）打造多元化的文化旅游产品。设计丰富多样的文化主题旅游线路，结合当地文化、美食、民俗活动等开发文化创意产品，满足不同游客的需求，提升文化旅游的吸引力。

（2）扶持本地文化创意产业。支持当地传统手工艺品的生产和文化创意产品的开发，举办文化艺术交流展览，激发文化创新活力，推动文化产业可持续发展。

研学效果

- 初级阶段：激发参与者对当地文化的好奇心和兴趣，引导研学人员主动了解和接触文化元素；通过基础的体验和互动，帮助研学人员加深对当地文化的理解和认知。
- 中级阶段：引导研学人员进行更深入的体验和互动，增加他们对传统文化的情感认同；促进不同背景的研学人员和当地社会人员之间的交流。
- 高级阶段：提供更具挑战性和更有深度的体验项目，增进研学人员对文化历史、传统艺术等方面的深度理解；促使研学人员在文化研学中获得个人的成长和思想上的启迪，形成对文化价值的积极态度和情感认同。

研学层次

- 个体层面：研学人员通过亲身体验和互动，增进对文化的个人理解和感悟。
- 社会层面：促进社会成员之间的交流与互动，拓展文化传承的社会影响力。
- 教育层面：为学校和教育机构提供多样化的教学资源和实践基地，丰富校外教育活动的内容。

研学目的

- 保护与传承：通过文化研学活动，推动社会大众对当地传统文化的保护与传承。
- 教育与启迪：以生动、鲜活的方式向研学人员传授文化知识，激发他们对地域文化、传统文化、冷门绝学的兴趣。
- 促进发展：带动当地居民就业以及零散经济、集体经济的增长，提升当地的文旅形象和知名度。

图 6.44　文化研学的效果、层次、目的

四、案例解析

（一）浙江湖州善琏湖笔小镇

1. 小镇介绍

善琏湖笔小镇位于浙江省湖州市南浔区善琏镇，地处杭嘉湖水网平原，水系发达，石砌河岸，展现了江南水乡风韵。京杭大运河傍镇而过，对外纳入上海、杭州、南京等大城市的2小时最佳旅游交通圈。古代善琏人或制笔为生，或盛兴养蚕，技艺传承至今。善琏镇拥有"湖笔制作技艺""含山轧蚕花"2项国家级非物质文化遗产，2次被文化和旅游部命名为"中国民间文化艺术之乡"。

善琏湖笔小镇总投资额为18.5亿元。由湖笔文化产业园·湖笔工坊、湖笔人家聚落、湖笔小镇写生基地、水墨丹青艺术生活馆、湖笔小镇画家村等项目组成，是一个集文化传承、教育研学、旅游观光等功能于一体的特色小镇。图6.45至图6.51是课题组在调研时拍摄与获取的相关照片。

图6.45　蒙公祠

图6.46　与蒙公祠一墙之隔的永欣寺

图 6.47 坐落于湖笔一条街的中国湖笔文化馆

图 6.48 善琏湖笔厂

图 6.49 善琏湖笔厂的外墙上画着
"蒙恬造笔"的故事

图 6.50 善琏老街

图 6.51 善琏湖笔小镇上的公园

2. 小镇特色

（1）湖笔文化

晋代，善琏已有制笔业。经过一代代的传承发展，湖笔已成为中国传统手工制作技艺中的瑰宝。善琏拥有悠久的制笔历史和深厚的湖笔文化底蕴，2005 年，善琏被授予"中国湖笔之都"的称号，"湖笔制作技艺"也被纳入了首批国家级非物质文化遗产保护名录。随着时代的变革和数字技术的冲击，湖笔产业不断缩水，技艺娴熟的笔工越来越难寻得，曾经辉煌的中国湖笔产业不得不依靠政府的扶持和保护才能维系。现在游客到善琏，可在湖笔文化馆和镇上的湖笔厂中游览参观，体验湖笔文化、湖笔历史与湖笔制作技艺，一窥"湖笔制作技艺"这一非物质文化遗产的奥秘。

（2）桑蚕文化

善琏镇的含山是中国蚕桑文化的发源地之一，被誉为"蚕花圣地"。每年清明时节，方圆百里数以万计的蚕农涌来含山"轧蚕花""祭蚕神"，期盼带回蚕花的好运。这一习俗传承至今。1998年，湖州含山蚕花节被国家旅游局定为国家级重点节庆活动之一。活动中，蚕花姑娘"做蚕花""撒蚕花"，蚕娘"剥棉兜""拉丝绵"，村民、游客参与"打蚕龙""轧蚕花"的场面十分喜庆，为当地旅游业吸引了客流。

（3）注重文化传承

在善琏老街不远处的永欣寺和蒙公祠，是当地著名的景区。据传，秦代时，善琏镇东南方向有座庙宇名为永欣寺，曾将落难的蒙恬将军收留寺中，遂有了"蒙恬造笔"的故事。王羲之七世孙智永也曾居于永欣寺三十年，其间，智永所写《真草千字文》八百余本分送江南诸寺，成就一段佳话。此外，因智永绝妙的书学造诣，还流传有"铁门槛""退笔冢"的典故。永欣寺虽是一座占地面积并不大的江南庙宇，却承载着一段段厚重的中国历史。现在的善琏老百姓，仍会在每年高考前到寺庙为孩子点上一盏智慧灯，敲一敲智慧钟，以祈求孩子考试顺利。

与永欣寺一墙之隔的蒙公祠是于 1992 年由善琏的笔工们捐款重建的，祠堂外屹立着石碑，碑文记录了笔祖蒙恬的生平和事迹，供后人景仰。蒙公祠中供奉着的蒙恬与其夫人"笔娘娘"卜香莲。每年农历的九月十六，笔工们会自发地聚集在蒙公祠举行祭祀笔祖的仪式，俗称"蒙恬会"。蒙公祠还会举办"国学启蒙礼"、湖笔文化研学等文化活动。

3. 生产、生活、生态空间的协同发展

善琏湖笔小镇以湖笔文化为统领，串联"一馆、一街、一寺、一祠、一厂、一山"六大主体，形成了旅游观光带。[①] 六大主体即展现湖笔文化发展历史窗口的湖笔文化馆，以湖笔生产、销售为主题的文房四宝商贸区湖笔一条街，以智永和尚的"铁门槛"传说而远近闻名的永欣寺，善琏笔工的精神寄托蒙公祠，打造湖笔制作技艺的传承基地湖笔厂，体验民俗风情、蚕乡文化和观光旅游的胜地含山风景区。它们是湖笔小镇的生产空间、生态空间，又融入于居民的生活空间。

（1）生产空间

小镇目前有 92 家从事湖笔经营的作坊及个体户，从业人员达 1350 余人，年产湖笔 800 万余支。[②] 小镇还有一部分以桑蚕养殖

---

① 翟阳 . 特色小镇品牌 IP 形象设计研究：以善琏湖笔小镇为例 [D]. 上海：上海师范大学，2022.

② 数据来源于湖笔小镇官方网站（https：//www.hbxzly.com/pen.aspx?id=2）。

和加工、稻虾养殖和销售为业的农民。善琏的许多农田是"稻虾共生"的综合种养农田，按这种综合种养的方法，农民能一亩双收。据当地一位居民介绍，湖州有"三宝"，分别是善琏湖笔、三力丝绸、安吉白茶。笔者走访小镇的过程中，只在湖笔一条街上看到各色各样的笔庄，在核心旅游区没有见到较为集中的文创品和绫绢、蚕花、丝绸、湖笔这四种本地特产贸易区。未来，小镇可进一步拓展生产空间，释放小镇的文化魅力，吸引更多的游客。

（2）生活空间

笔者相隔数年两次到访善琏湖笔小镇，发现小镇的变化很大：小镇会客厅正在翻修，镇上也出现了一些现代化元素，跟着小镇导视图能够准确地找到目的地。小镇居民整体保持着悠闲、安逸的生活步调。善琏的房屋普遍层高较矮，样式古朴，一些新的仿古建筑与小镇的建筑在整体风格上相统一，呈现出古雅、和谐的样貌。小镇景区以湖笔一条街为核心，辐射周边。几个主要景点与居民生活片区交错，依靠步行穿插游览小镇稍显疲累。未来，小镇可增设公共交通线路和点位，进一步提高居民和游客出行的便利程度。

（3）生态空间

善琏镇地处杭嘉湖水网平原，河网交织、地势低平，土壤适宜耕种，为生态发展铺就良好底色。近年来，善琏湖笔小镇大力整治河道，从源头上控制污染，同时积极植绿护绿，打造了运河文化景观带等特色生态走廊，人居环境得到了极大改善。此外，小镇的含山风景区山清水秀，含山塔见证着湖笔发源地的悠久历史，景区内人文景观与休闲场所兼具，吸引着四方游客。每年举办的蚕桑文化活动在传承文化的同时，彰显出小镇居民与生态共生的和谐画面。概言之，小镇里京杭大运河穿镇而过，居民临水而居，河道不仅是生活的一部分，更成为他们享受慢生活的依托。善琏湖笔小镇的生态空间，不仅是自然景观的呈现，更是文化传承与生活延续的生动载体，让小镇充满了独特的水乡韵味与蓬勃生机。

4. 总结

善琏湖笔小镇作为以湖笔产业为核心的特色小镇，在湖笔文化传承与发展方面成果显著。当地政府高度重视湖笔文化，通过一系列政策扶持、资金投入以及人才培养举措，为湖笔制作工坊、文化馆等相关产业营造了优越的发展环境。历经岁月沉淀，"湖笔制作技艺"这一非物质文化遗产在小镇扎根，早已融入居民的日常生活，居民发自内心地热爱湖笔文化，这构成了非物质文化遗产传承最坚实的基础。

未来，善琏湖笔小镇需加强人才梯队建设，为湖笔文化的传承与创新注入源源不断的活力；在宣传推广方面，需加大对湖笔制作工艺和文旅资源的宣传力度，让更多的人了解小镇的独特文化魅力，从而为湖笔文化的传承与保护凝聚更强大的社会力量。同时，小镇应进一步优化"三生空间"布局，打造具有鲜明特色的文旅体验项目。小镇应更加注重顶层设计，从宏观层面制定科学合理的发展规划；根据自身旅游资源禀赋，灵活调整阶段性发展策略；积极与全域旅游理念相融合，充分发挥特色小镇在全域旅游中的独特优势。通过这些举措，小镇能够更好地传承和弘扬湖笔文化，还能在推动供给侧与需求侧相结合的过程中，创造更大的经济效益，实现资源的整合共享与可持续发展，为特色小镇的建设注入新的活力，走出一条独具特色的高质量发展之路。[①]

（二）浙江金华东阳木雕小镇

1. 小镇介绍

东阳木雕小镇位于浙江省金华市东阳经济开发区核心区域内，小镇规划面积 2.9 平方公里，建设用地面积约 1.3 平方公里。小镇距离市区车程约 15 分钟，距离横店影视城和世界小商品中心义乌车程约半小时，临近甬金高速和 211 省道，距离省会杭州市车程约 2 小时，区位交通十分便利。小镇按照"两心一带四区多节点"总体布局建设。"两心"即木雕红木产业创业核心、木雕创智人才培训中心；"一带"即依托石马溪沿线原生态资源，打造集文化、休闲、旅游于一体的文旅综合体；"四区"即木雕红木产业区、文化创意产业区、特色民俗体验区、配套服务保障区。[②] 小镇有明确的"三生空间"规划布局。

东阳素有"百工之乡""工艺美术之乡"的美誉，东阳木雕小镇以木雕工艺为特色，是非遗赋能乡村振兴的典型案例。小镇拥有悠久的木雕传统，代代相传。旅游业的兴起在为小镇带来了经济活力的同时，促进了非遗工艺的传承。图 6.52 至图 6.59 是课题组在调研时拍摄与获取的相关照片。

---

① 钟娟芳 . 特色小镇与全域旅游融合发展探讨 [J]. 开放导报，2017（2）: 54-58.
② 叶永永 . 东阳木雕小镇 获省第四批特色小镇命名 [N]. 金华日报，2020-11-17.

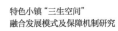

图 6.52　东阳木雕小镇（一）

图 6.53　东阳木雕小镇（二）

图 6.54　东阳木雕小镇会客厅

图 6.55　木雕工序景观局部

图 6.56　技艺之廊　　　　　　图 6.57　艺术家木雕艺术创作室

图 6.58　东阳木雕小镇上的红木家具公司

图 6.59　东阳木雕小镇上的明清古建风情街

2. 小镇特色

（1）木雕工艺

东阳木雕是中国民间雕刻艺术，与青田石雕、黄杨木雕并称为"浙江三雕"。自唐至今，东阳木雕技艺已传承千余年。东阳木雕以平面浮雕为主，具有多层次浮雕、散点透视构图、保留平面的装饰的特点。东阳木雕小镇以木雕工艺为核心，展现深厚的文化底蕴和传统工艺的魅力。从日常用品到建筑装饰，东阳木雕工艺应用广泛且影响深远。

（2）文化传承

2006年5月20日，"东阳木雕"经国务院批准被列入第一批国家级非物质文化遗产名录。东阳木雕工艺的传承人拥有深厚的雕刻技艺和艺术创作能力，传承队伍则由年轻一代学徒和传统工匠组成，他们在非遗技艺的传承中扮演着重要的角色。东阳木雕的匠人们不仅技艺精湛，而且思维活跃、不拘一格，常跨界融合以弘扬技艺。东阳木雕小镇设有艺术家创作室、艺术家艺术馆、艺术家工作室、创意手工作坊等场所，游客在此不仅能了解木雕工艺的历史，还能向工匠学习如何制作木雕艺术品，亲身体验这一独特的传统工艺。

3. 生产、生活、生态空间的协同发展

（1）生产空间

在产业发展上，红木雕与竹工艺是东阳市的主导产业，被视为东阳市的"金名片"。近年来，东阳木雕与红木家具不断融合发展，形成了完整的产业链，包括木材交易、产品设计、加工制作和市场销售，主要集中在小镇的"两心四区"规划区域，这使得木雕红木家具成为东阳最具辨识度和发展前景的优势产业之一。该

地还整治低效企业，通过"腾笼换鸟"战略，打造了一个集木文化展览、创意手工、艺术展示和人才实训于一体的省级研学实训基地。此外，浙江省首个木材专用型保税仓库在此建立，形成了大宗商品在浙江省内的"2小时物流配送圈"，提高了木材交易的效率和便利性。① 针对环保问题，东阳市开展了家具行业环保整治再提升行动，并探索了一种可复制、可推广的行业污染防治和规范化管理模式。目前，东阳市拥有1300多家红木雕家具企业，从业人员超过10万人。② 同时，东阳木雕小镇明确以木雕、竹编为工艺发展引擎，重视对技术人才的培育，依托有手艺基础的人民群众建设了非遗工坊，对传统工艺实施生产性保护。通过工厂、作坊、商品店等场所，为当地居民提供了就近工作的机会，为年轻一代提供了学习手艺的机会，使他们能够通过本地技艺的传承获取谋生路径，全市木雕专业技术人才已有1万多人。

（2）生活空间

东阳木雕小镇持续完善包括小镇会客厅、古民居及石马溪公共广场在内的基础设施建设，形成具有区域特色的建筑群落。通过吸引一大批青年就业创业，为传统行业注入活力，促进了周边区域的人员集聚和商业发展。此外，小镇通过开设茶艺、竹编、木雕、书法等传统课程，举办非遗体验活动和游学班等方式，培养青少年的艺术素养和动手能力，每年为3万多名孩子提供多元化的体验式教育活动，提升了居民的获得感和幸福感。

---

① 王勇，虞惠敏，李梓莹. 东阳木雕小镇：高品质打造全省历史经典产业特色小镇新标杆[J]. 浙江画报，2023（3）：26-29.
② 浙江省林业局. 东阳："传承保护＋开拓创新"非遗活化模式[EB/OL].（2023-06-25）[2024-10-30].http：//lyj.zj.gov.cn/art/2023/6/25/art_1285510_59053855.html.

（3）生态空间

东阳木雕小镇创新推进智慧管网建设、闲置用地绿化和风貌自主更新等工作。为振兴文旅产业，东阳木雕小镇与石马溪形成文旅综合体，打造了集休闲娱乐、木雕文化体验等功能于一体的生态空间。小镇古色古香的明清古建风情街、颇有野趣的小镇营地、石马溪生态观光水岸，吸引了不少周边短途游的游客在周末和节假日前来游玩。

4. 总结

东阳木雕小镇是具有非遗底色的特色小镇，通过传承和发展木雕、竹编工艺增加了小镇居民的就业机会和收入渠道，促进了地方经济的繁荣。小镇通过举办木雕工艺展览、艺术家培训班、文化节庆活动，以及与高校、企业合办实训基地和学院等方式，积极传播和推广地方工艺，吸引了年轻一代投身传统工艺。小镇注重打造和提升基础设施与公共服务水平，社区的整体发展水平显著提高。小镇整洁、宽阔的马路和古色古香的氛围吸引了游客旅游参观、体验文化，营造出宜居宜业宜游的良好氛围。总的来说，东阳木雕小镇展现了非遗赋能乡村振兴的时代活力。

（三）江苏苏州苏绣小镇 [①]

1. 小镇介绍

苏绣小镇位于江苏省苏州市高新区镇湖街道，北至渚镇路，东至游河，南至湿地公园，西至东城路，距市区 26 公里。苏绣特色小镇以中国传统刺绣工艺"苏绣"为立镇特色，按照"非镇

---

① 国家发展改革委规划司. 2019 年"第一轮全国特色小镇典型经验"总结推广 [EB/OL].（2019-04-24）[2024-10-30]. https://www.ndrc.gov.cn/xwdt/ztzl/xxczhjs/ghzc/202112/t20211209_1307292.html.

非区"模式规划设计，总用地面积 3.82 平方公里，总投资约 34 亿元。

苏州市政府大力扶持苏绣产业，通过构建"企业主体、政府引导、市场化运作"的开发建设格局，促进苏绣小镇的发展。苏绣小镇力求守住文化根脉，打造特色品牌，助力城市发展。在《中国特色小（城）镇 2020 年发展指数报告》中，苏绣小镇跻身全国特色小镇 50 强。

2. 小镇特色

（1）苏绣工艺

苏绣与湘绣、蜀绣、粤绣并称"中国四大名绣"，自古就以精细素雅的特点著称，具有图案秀丽、构思巧妙、绣工细致、针法活泼、色彩清雅的独特风格，地方特色浓郁。清代中晚期出现的"双面绣"技艺更是精美绝伦，让苏绣声名大噪。苏绣小镇以发展苏绣产业为核心，展示了深厚的文化底蕴和传统工艺的魅力。如今，特色文化节庆品牌"中国刺绣文化艺术节"已成功举办十余届，成为小镇刺绣文化对外展示的重要窗口。

（2）文化传承

苏绣小镇拥有 2200 多年的刺绣文化历史，在总人口 2 万人中，绣娘人数约占 2/3，可谓"家家闺阁架绣棚，妇姑人人习巧针"。小镇紧紧从苏派建筑、节庆品牌、非遗文化教育、交流传播、人才队伍等方面着手，全面加强对苏绣工艺的保护、传承与宣传，为苏绣文化提供了一个广阔的展示和传播舞台。

（3）景区规划

在空间布局上，苏绣小镇设有"中国刺绣艺术馆""绣品街""绣馆街"等刺绣展览馆，吸引企业、大师工作坊、个体工商户入驻，既作为游客近距离接触和了解苏绣工艺的窗口，也为小镇带来了经济效益和就业机会。此外，苏绣小镇围绕小镇产业特色和太湖生态系统，开辟了"寻'苏味'——百年传承非遗体验之旅""黎里古镇江南非遗匠心之旅""洞庭山碧螺春体验之旅""'苏作匠心'非遗之旅"等旅游路线，将小镇非遗资源与周边生态资源有效串联，提升了小镇旅游活力。

3. 生产、生活、生态空间的协同发展

苏绣小镇空间布局规划为"一带双轴三核"，以苏绣产业为核心呈带状分布。小镇空间功能的规划紧紧围绕苏绣这一核心产业展开。"一带"即依托苏绣特色小镇绣品街与5号路，形成"产业融合发展带"，承担商业商务、会展交流的重要功能。"双轴"即依托绣品街形成"传统再生发展轴"，激活传统产业活力；依托5号路形成"苏绣生活创新轴"，沿线布局创新创意产业，促进苏绣小镇产业提档升级。"三核"即结合产业融合发展带，由北至南布置三大核心区。结合中国绣品街布置传统核心，传承手工技艺；结合小镇前庭布置再生核心，展示传播小镇风采；结合游湖布置未来核心，为未来新兴产业聚集打下坚实基础。[①]

（1）生产空间

苏绣小镇已建成区域占地面积250余公顷，其中建设用地面积24公顷，拥有"中国刺绣艺术馆"等刺绣文化展示空间，有300余家刺绣商户和9000余名刺绣及周边行业从业者汇聚于此。产业集聚为小镇居民提供了大量的工作机会。据了解，

---

① 国家发展改革委规划司. 2019年"第一轮全国特色小镇典型经验"总结推广 [EB/OL].（2019-04-24）[2024-10-30]. https://www.ndrc.gov.cn/xwdt/ztzl/xxczhjs/ghzc/202112/t20211209_1307292.html.

镇湖街道居民家庭收入的 75% 以上来自刺绣。刺绣经济的发展壮大还使镇湖从过去的"接包"加工刺绣产品转为"发包"，带动了周围乡镇大批农民就业。上下游产业的集聚吸引了刺绣工匠、工艺美术大师等非遗从业者入驻小镇，苏绣制品的销售则为小镇带来了经济效益，吸引了更多的游客和投资者。

（2）生活空间

苏绣小镇按照"非镇非区"的模式进行规划设计，在建筑设计中融入典型的苏派建筑风格，与苏绣古色古香的非遗工艺相得益彰。在维持传统建筑风格的同时，苏绣小镇推动软硬件环境打造，完善基础设施，打造"15 分钟生活圈"，提高了居民的生活便利度。

（3）生态空间

苏绣小镇遵循以人为本的原则，在道路系统规划上尽量确保小镇的交通畅通。通过创造景观丰富、水域优美的步行街道，引导人们聚集在绣品街，提升商业区的活力。通过水景的渗透和绿化景观的引导，使内部绣品街和外围湿地公园有机地连接在一起。从小镇外围看，国家 4A 级旅游景区太湖国家湿地公园、太湖生态游憩带等优渥的自然环境，赋予了小镇休闲旅游的空间载体，既保障了小镇居民的生态空间，也为游客提供了房车露营等丰富的旅游线路。

4. 总结

苏绣小镇致力于传承苏绣技艺，培养苏绣人才，在非遗传承与教育上成效显著。在产业上大胆融合、积极创新，拓展了苏绣市场，推动了当地经济的发展；积极探索"非遗 + 文旅""非遗 + 新型销售""非遗 + 展览馆"等模式，以非遗魅力带动旅游发展，推动乡村文化振兴。总之，苏绣小镇立足特色产业，实现了产业高端集聚和融合发展。

（四）浙江杭州淳安梓桐书画小镇

1. 小镇介绍

梓桐书画小镇位于浙江省杭州市淳安县西南部，距离千岛湖镇 35 公里。下辖 18 个行政村，总人口 1.9 万人。小镇居民普遍爱好书画，农民在农耕之余都喜爱挥毫泼墨。梓桐是淳安县唯一的市级"民间书画之乡"，素有"书香梓源、文佳故里"之称。近年来，梓桐书画小镇秉持"立足书画、跳出书画"的理念，打造梓桐特色文化品牌，以书画艺术赋能乡村振兴。图 6.60 至图 6.72 是课题组在调研时拍摄与获取的相关照片。

图 6.60　梓桐书画小镇书画研学（一）

图 6.61　梓桐书画小镇书画研学（二）

图 6.62　梓桐书画小镇文创共富街区的
建筑风貌

图 6.63　梓桐书画小镇环溪景观设计

图 6.64　斫琴工坊　　　　　图 6.65　梓桐书画小镇会客厅

图 6.66　书画元素融入梓桐书画小镇　　图 6.67　书画元素融入梓桐书画小镇
　　　　导视系统设计（一）　　　　　　　　导视系统设计（二）

图 6.68　蚁巢艺术馆　　　　图 6.69　笔者在梓桐书画小镇府前街
　　　　　　　　　　　　　　　　　　书画院调研

| 图6.70 梓桐书画小镇街道的商业店铺 | 图6.71 梓桐书画小镇街道的商业店铺 |

图6.70　梓桐书画小镇街道的商业店铺　　图6.71　梓桐书画小镇街道的商业店铺
　　　　请西泠名家著书作为店招（一）　　　　　　请西泠名家著书作为店招（二）

图6.72　梓桐书画小镇中的民宿环境

2. 小镇特色

（1）书画传承与培训

梓桐书画小镇推出了"农民艺术家培育营"和"新农民艺术培育项目"，开设了陶艺班、版画班、油画班等多元化培训班，让越来越多的农民主动参与到艺术活动中，培养了一批年轻的农民书画艺术家，成功塑造了具有地方特色的农民画文化品牌，用画笔画出了一条乡村振兴的新路。得益于传统文化的传承和书画艺术小镇的建设，如今的梓桐百姓依旧沿袭"耕读传家"的良好文化氛围，书画队伍不断壮大，其中不乏各级美术家协会和书法家协会的成员。文化艺术的传承与创新不仅有助于保护传统文化，还为当地经济注入了新鲜血液。

（2）文化活动的举办

丰富的文化活动是梓桐书画小镇的一大特色。例如，"千岛湖·梓桐书画文化节"是以书画为抓手促进共同富裕而推出的一项重要文化活动，涵盖书画展览、民俗活动、庙会等多个项目。其不仅丰富了居民的日常生活，促进了地域间的文化交流，而且为小镇带来了持续的经济效益。书画展览展示了本地艺术家的作品以及来自其他地区的优秀书画作品，为文化交流搭建了平台。

（3）文化产业的发展

梓桐书画小镇不仅注重传统文化的传承，还着眼于文化产业的发展，积极打造"书画气息浓厚、文创产业集聚"的特色小镇。小镇建立了一系列文化艺术馆，引入了一批文创企业入驻。小镇在传统艺术小镇建设中融入了"大艺术"范畴，推动艺术业态多元化。例如，不仅引进高校写生项目和书画研学项目吸引客流、宣传文化，还打造乡村旅拍、雕塑艺术、汽车运动等受年轻人喜爱的打卡项目。此外，小镇推出了 6 条文旅融合精品线路，不仅为本地居民提供了就业机会，还为小镇经济带来了新的增长点。

（4）打造文创共富街区

梓桐书画小镇以"人文古韵"为主题规划设计"梓桐镇文创共富街区"，旨在打造集"吃、住、行、游、购、娱"于一体的六边形文化创意共富示范街区，创造以文促旅、以旅兴文的效益。整体区域规划主要位置为环溪两岸，街区核心位于府前街，整体呈T字形布局，全长约300米，东起梓桐镇书画院，西至木辛舍民宿，规划为府前街梓桐水天一色、特色商业店铺、梓桐文化类区块、梓桐文化夜市、梓桐游客接待中心（陈硕真纪念广场）等功能区块。现已有翰墨斋、府前街书画院、斫琴工坊、瓷堂酒坊、梓桐镇书画院、梓桐艺术馆。街区游憩段全长约800米，范围延伸至望月桥及对岸游步绿道。此外，游憩段还设置了新安文化展示馆、工办大楼及网红打卡点古樟古桥。

文创共富街区的整体建筑风貌体现西南文化、山水景观的元素，包含马头墙、小青瓦等，小镇对农户房屋外立面进行改造以达到与整体街区风格的协调统一。同时，对沿溪两侧闲置农房进行改造，用于经营休闲茶室和咖啡屋、非遗手工体验馆、休闲小吃和土特产旺铺、自由艺术空间、高端民宿酒店等。

3. 生产、生活、生态空间的协同发展

（1）生产空间

梓桐镇曾是工业重镇，纺织、茧丝、矿产等工业企业随处可见，以发展湖羊养殖产业、山核桃种植、茶叶种植为核心产业。在"艺术乡建"的指引下，小镇的生产空间和生产企业类型得以发生蝶变，走上了产业转型升级之路。一是引入和培育文化产业和创意产业，为当地居民提供就业机会，创造了稳定的经济来源。二是鼓励艺术家和创作者在这里建立工作室，靠"名家"引流，促进创意经济的发展。三是通过引进和开发研学基地、写生基地、艺术家工作室等方法，吸引客流、盘活资源。四是充分利用新媒体技术，通过"书画直播间——共富工坊"直播带货进行艺术传播，让艺术产业成为致富新引擎，实现经济价值转化。如今，梓桐已经成为国内多所高校的写生基地和市级研学基地，并与高校联合制定了全国书画写生标准，每年接待写生和研学团队的规模达数万人次。

（2）生活空间

梓桐书画小镇凭借自身深厚的文化底蕴，借助"两院两馆两园两地"综合艺术展示空间，探索差异化发展道路，为居民提供了丰富多彩的文化艺术活动，居民素质得到显著提高。例如，梓桐镇最美乡村艺术馆"梓桐艺术馆"，总投资2000万元、总面积3000平方米。梓桐书画小镇还在西湖村启动了"蚁巢计划"，对村中闲置的"老破小"民居进行综合利用，微改造、精提升，打造成书画、雕塑、陶艺等名家工作室和小型展厅，最终形成一个蚁巢式的美术馆群落，这12座小型主题艺术馆被称为"蚁巢艺术馆"。小镇还有府前街书画院、乡贤书画院、千岛湖雕塑公园、千岛湖艺术基地、斫琴工坊、新安文化展示馆、梓桐文创街区等一批特色艺术场馆和传统文化展示阵地。

如今的梓桐镇已经完成全镇18个行政村文化礼堂和农家书屋的标准化建设，营造了全民"学文化、爱读书"的书香氛围，真正推动了文化资源在各村阵地间的交流和共享。各村设有专职文化管理员，完善农家书屋管理制度，提高村民综合文化素质，全力建设"书香乡村"。

在梓桐镇的街道，家家户户门前挂着或立着书画作品。这不仅是一种装饰，更是家庭文化的传承。商业店铺也融入了传统书画艺术。无论是小吃店、茶馆还是小商铺，它们的店招都是仿古样式，清一色采用传统书法艺术作为装饰。这种做法不仅为商业场景增添了独特的文化氛围，也将传统艺术带入了日常经营之中，成为一种文化特色。梓桐镇的传统书画艺术是对地域文化特色的凸显，在这里，传统书法艺术被赋予了特殊的意义，不仅展现了艺术的美感，也传递着当地深厚的文化底蕴。

（3）生态空间

梓桐书画小镇注重对生态环境的保护，并通过生态空间的深化，将绿水青山转化为生态经济，让发展成果全民共享。首先，梓桐书画特色小镇以独特的生态理念为引领，致力于将绿水青山的美丽融入人们的生活。在发展中注重保留大片绿地和自然景观，不仅保护了当地的自然生态环境，还促进了生态旅游的蓬勃发展，使其成为艺术家和学生采风写生的理想之地。其次，梓桐书画小镇积极发展可持续农业，致力于实现农业与生态的良性循环。通过引入先进的农业技术和可持续发展理念，助力农业提质增效，在增加农民收益的同时，确保农业发展与生态保护和谐共生，为小镇的生态建设提供了可靠支持。再次，梓桐书画小镇以"文化＋生态"的发展模式，推动"下沉式旅游"。梓桐镇和歙县深渡镇通过深度合作，精心打造乡镇精品生态文化旅游线路和点位，促进了地区间的合作与共赢，还通过发展第三产业，形成了跨省文旅线路，带来了可观的经济效益。最后，梓桐书画小镇将绿水青山的发展成果转化为全民共享的获得感和满足感。全域共享的理念使小镇生态空间的保护与其他领域的发展协同推进，为小镇的长远发展奠定了坚实基础。

4. 总结

（1）政府支持力度大

梓桐书画特色小镇原先是一个普通的小乡镇，地方政府在小镇的发展过程中发挥了关键的主导作用。一是政府鼓励文化产业的发展，注重传统文化的保护和传承。政府与小镇居民、企业建立了紧密的合作关系。淳安县文联积极发挥自身优势，吸引文化产业及相关人才入驻，全面推进梓桐书画艺术小镇的品牌打造。二是不断增加文艺志愿服务供给，通过艺术展、送文化等"艺术乡建"形式，为基层群众送去文化大餐，培育更多的乡村本土艺术家，提升村民的艺术素养。三是围绕"一村一品，打造差异化书画艺术村落"目标，通过帮助梓桐镇制定书画发展规划，多渠道提升农民画家创作水平等手段，让更多村民参与文艺活动，进一步打响"古韵梓桐·书画小镇"的知名度。四是充分发挥文艺人才聚集优势，挖掘梓桐镇乡土文化资源，从"送文化"转变为"种文化"。五是为传播好乡村特色文化，梓桐镇积极编撰文艺书籍，组织县作家协会成员赴各乡镇、村感受自然风光、历史文化、民俗风情和人文内涵，围绕"一村一品、一源一特"的要求，编撰完成了《千岛湖书画——〈书画梓桐〉专刊》《古今梓桐源》《陈硕真轶事》《书画小镇　大美梓桐》等精品著作，提升了小镇知名度。

（2）社区参与度高

当地社区积极参与小镇的建设和文化活动，形成了紧密的社会网络。社区的支持是小镇成功的重要因素之一，它促进了社会稳定和文化传承。梓桐书画小镇开展的文艺活动，基本都有村民参与。例如，在德隐陶局开放时，就有众多村民参与制坯，在坯上作画、上釉。梓桐书画小镇培养了自己的农民艺术家，走出了一条艺术创作与经济发展相结合的新路子。梓桐书画小镇积极挖掘人才优势和资源优势，开展多维度合作。例如，与国内外的文化机构和企业合作，推广书画文化，这既为小镇带来了知名度，也为文化产业的发展提供了更加广阔的前景。同时，梓桐书画小镇积极吸引国内外投资，促进产业多元化和可持续发展。由梓桐镇统战工作领导小组牵头，成立了梓桐商会、新乡贤联谊会、"万梓千红"乡村文化创意者联盟等统战组织，并设有"乡贤书画院""梓桐艺术馆""同心联络站"等统战事务服务点，将人才与资源优势联合凝聚，助力乡村振兴。

"一幅画，一亩田，坐在家中就挣钱"，这成了梓桐书画小镇农民最真实的写照。从梓桐书画小镇的文旅出圈，我们看到了文化产业对于乡村振兴的重要意义。与此同时，梓桐书画小镇也需要采取一系列有针对性的措施，解决发展过程中出现的产业同质化、资金短缺、关联产业脱钩，以及文化保护与经济开发失衡等问题，让书画艺术真正成为乡村振兴的核心驱动力，实现经济与文化的可持续发展。①

（五）浙江杭州西湖艺创小镇

1. 小镇介绍

西湖艺创小镇位于浙江省杭州市之江文化产业带核心区域，规划面积 3.5 平方公里，建设面积 1.09 平方公里。小镇东至洙泗路，南至石龙山南侧，西至灵龙路，北至转塘横街。小镇内有 2 所高等艺术学府，即中国美术学院（象山校区）、浙江音乐学院。利用高校资源开展政校合作，形成了以设计服务业为主，现代传媒、信息服务、动漫游戏等产业错位发展的格局。

转塘原本是杭州近郊，中国美术学院落户后，这里慢慢聚集

---

① 卫才华，孙钰洁. 文化艺术产业赋能乡村振兴优化路径研究 [J]. 经济问题，2024（9）：103-110.

了人气。随着杭州城镇化的加速发展和行政区块的变迁，西湖艺创小镇已经成为艺术家的"天堂"，聚集了一大批依托于中国美术学院（象山校区）、浙江音乐学院的艺术家、艺术家工作室和艺术产业。小镇上的街区和房屋基本是近年新建的，游客从杭州西站、富阳站、杭州城站、杭州南站四个高铁站到小镇的车程都在1小时内。图6.73至图6.75是课题组在调研时拍摄与获取的相关照片。

图6.73　西湖艺创小镇上的凤凰创意　　图6.74　西湖艺创小镇上的凤凰创意
　　　　国际园区（一）　　　　　　　　　　　国际园区（二）

图6.75　艺创小镇街区的艺术化城镇肌理

2. 小镇特色

（1）文化艺术氛围浓厚

西湖艺创小镇的周边不仅有中国美术学院（象山校区）、浙江音乐学院这2所艺术类高等学府，还有浙江博物馆、浙江图书馆、浙江非物质文化遗产馆、浙江省文学馆4座省级文化展馆，以及象山艺术公社、外桐坞艺术村落等众多艺术研创平台，产业基础扎实，文化艺术氛围浓厚。[①]

（2）文创产业基础扎实

西湖艺创小镇有很好的产业底蕴，作为杭州市最早建立的十大文化创意园之一的之江文化创意产业园就是在这里发展壮大的。此外，国家级科技企业孵化器、国家知识产权试点园区、浙江省现代服务业集聚示范区、浙江省科技企业孵化器和浙江省重点文化产业园区等多个省级以上的文化创意产业基地纷纷集聚小镇，助力小镇成为浙江省文化创意产业的中心。

3. 生产、生活、生态空间的协同发展

（1）生产空间

西湖艺创小镇定位于"艺术+产业"，周边高校每年有毕业生3000余名，为小镇的人才输送提供了保障。小镇文创项目多，引进的九月九号设计、北斗星等承担了多项国家级项目设计和制作。例如，世博会中国馆"中国红"色彩设计、G20杭州峰会会标设计与晚会背景动态制作、世界互联网大会会徽设计等。小镇还建有我国目前唯一一家以创意为主题的科技园区——国家大学科技（创意）园，这里聚集了一大批艺术家及其工作室，吸引了上百所美

---

① 黄慧仙.杭州艺创小镇2019年将集聚2500家特色企业[N].浙江日报，2018-06-27.

术培训学校，形成了产业化、规模化效应。此外，小镇有凤凰创意国际、凤凰创意大厦、象山艺术公社、横店之江影视创新中心、音乐产业园、全产业链视听产业园等6个核心产业平台。例如，凤凰创意国际文化创意园区里的水泥老厂房在2007年进行了改造提升，建筑面积5万平方米，设有艺术展览馆、书店、咖啡店、摄影基地、买手店等，成为年轻人喜爱的文创艺术园。它盘活了闲置的老厂房建筑，将艺术融入工业风，为小镇汇聚了一部分商业体和人流量。

（2）生活空间

西湖艺创小镇现在已形成"艺创十景"——水杉鹭影、五彩流霞、艺创绿地、银杏阶庭、凤凰艺市、怀旧食巷、小冰岛、艺苑广场、习语星光、凤眠书吧。周边社区生活配套完善，浙江省立同德医院（之江院区）、定山小学、购物综合体等人们最关心的教育、医疗、生活配套都在社区不远处。据统计，小镇及周边共有星级酒店6家、大型商超5家、三甲医院2家，还有小学、初中、高中以及健身中心、美术馆、音乐厅、大剧院等休闲娱乐场所，可以满足小镇居民的生活需求。[①] 此外，小镇的景观雕塑、立体墙绘和装置艺术较多，体现了艺术对小镇的城市面貌、城镇肌理、生态环境方面的添彩增色作用。

（3）生态空间

西湖艺创小镇地处之江国家旅游度假区，位于"三江两湖"黄金旅游节点，自然环境优越。象山、凤凰山、石龙山三座山横亘小镇，周边有狮子山和铜鉴湖，形成了天然的生态环境。

---

① 微信公众号"景行科创".杭州市西湖区艺创小镇[EB/OL].[2024-10-30].https：//mp.weixin.qq.com/s/v86EV_TRkXKl-IwU7VrQsg.

小镇绿化覆盖率达 70%，是生长在大自然中的特色小镇。根据规划，小镇以"艺术＋"模式建设生态环境，结合现状绿地及已有城镇公园形成 7 个主题性生态艺术公园。从创意路进入，在凤凰创意国际园区的两侧，林立着富有艺术气息的小雕塑，内有停车场，还有几座工业风厂房。看一个艺术展、逛一下创意集市"凤凰艺市"、搭帐篷露营、喝一杯咖啡、在"小冰岛"和象山艺术公社打卡拍照，已经成为很多文艺青年在周末"微度假"的选择。[①]

4. 总结

西湖艺创小镇文化产业基础较好，依托艺术类高校、完备的公共文化事业与文化产业基础设施、艺术研创平台，不断引进项目和人才，壮大文化创意产业，实现了"三生空间"的有机融合。

（六）浙江绍兴兰亭书法小镇

1. 小镇介绍

兰亭书法小镇位于浙江省绍兴市柯桥区兰亭镇兰亭村，地处会稽山板块，是绍兴三大城区共享的生态绿肺和文化高地。绍兴市是浙江的文旅名城，有着丰富的文化历史资源。绍兴在旅游经济发展上有总体规划思路，善于抓住旅游风口，形成了很多旅游线路；善于打造文化 IP（intellectual property，知识产权），例如"鲁迅""兰亭""黄酒"等，吸引了来自全国各地的游客来到绍兴，观赏美景、名人故居、品尝美食美酒、重温经典故事。

---

① 赵珊. 中国旅游兴起"微度假"[N]. 人民日报（海外版），2021-12-10. 文中对"微度假"的解释是：以本地为中心，基于兴趣爱好或某种体验，在周末或假日进行短期休闲度假。

兰亭景区占地面积 13 万平方米，建筑面积 801 平方米，是国家 4A 级旅游景区。兰亭不仅是书法圣地，更是中国传统文化的重要象征。兰亭书法小镇通过深度挖掘兰亭书法文化，探索形成了书法文化与旅游体验相结合的独特发展模式。"兰亭"得名于春秋时越王勾践植兰于此，后在汉代建有驿亭，因而有"兰亭"之名。东晋永和九年书圣王羲之在此地雅集修禊写下"天下第一行书"《兰亭序》，更使兰亭闻名遐迩。游客慕名而来，到小镇感受"茂林修竹""惠风和畅"，体验"群贤毕至""流觞曲水"，千年的文化底蕴和名人典故，令无数游客心驰神往、津津乐道。历史文化造就地域特色，小镇上的居民历来喜欢书法，农闲时都会写上几笔，形成了"耕读传家"的传统。2014 年，兰亭村被授予"浙江书法村"称号。兰亭村以"书法经济"为核心，蜕变成为一个以书法为立足点的特色小镇。图 6.76 至图 6.81 是课题组在调研时拍摄与获取的相关照片。

图 6.76　鹅池碑亭　　　　图 6.77　《兰亭序》碑亭

图 6.78　兰亭书法博物馆中的展陈设计

图 6.79　兰亭景区内的生态环境

图 6.80　兰亭书法博物馆文创商品店铺

图6.81　绍兴文理学院兰亭书法艺术学院

2. 小镇特色

书法是兰亭书法小镇最鲜明的特色，即以文化为内核、以生态为载体、以产业为支撑，实现文化、产业、旅游和社区功能的融合发展。[①] 兰亭依靠自身文化禀赋，开发了研学游相关项目，大力发展研学游市场。利用兰亭书法博物馆、兰亭书法学院的资源优势，建设研学游营地，完善配套教学设施，精心打造研学游课程，让兰亭文化绽放更加耀眼的光彩。

3. 生产、生活、生态的协同发展

（1）生产空间

兰亭书法小镇依托深厚的历史文化底蕴发展"书法经济"。小镇围绕书法文化，形成了涵盖书法培训、展览、文创产品开发等多元化的产业链，并已初具书法文创产业的规模。数据显示，兰亭书法小镇的文创产业年产值已经突破5亿元，其中书法培训和

---

① 杨海燕.关于兰亭镇建设书法特色小镇的思考[EB/OL].（2017-05-24）[2024-10-30].
http://rd.kq.gov.cn/art/2017/5/24/art_1604834_28532652.html.

书法展览占总收入的 30% 以上。[①] 此外，绍兴积极打造"兰亭书法节"，将兰亭打造成为一个旅游休闲特色显著的书法圣地，依托书法文化活动带动旅游发展。2023 年，"兰亭书法节"吸引了超过 50 万人次的游客[②]，有力带动了小镇及周边区域的旅游业发展。文化活动的举办，不仅提升了小镇的知名度，还推动了书法文化的传承与传播。

（2）生活空间

兰亭书法小镇以书法立镇，当地居民热爱书法。兰亭村的文化礼堂定期组织书法培训，给热爱书法的村民提供了广阔的艺术平台。不少村民的书法作品在各级书法比赛中获奖，还有不少村民成为书法家协会的会员。随着来兰亭的游客人数不断攀升，当地居民逐渐认识到需要结合文旅开发书法文创产品。村民研发生产了《兰亭序》木雕、竹雕、木刻、微刻、纸扇等与兰亭文化衍生文创产品，受到游客的喜爱。

兰亭景区马路对面是兰亭书法艺术学院，学院的学生为小镇注入了一股青春力量。兰亭景区占地面积较大，小镇的主要生活区离景区有 2—3 站公交车的距离。总体来说，兰亭书法小镇是一个既有人间烟火气，也有诗和远方的特色小镇。游客置身其中，感受到的是当地人的好客有礼、精致的文旅巧思、浓厚的文化底蕴。正像《兰亭序》描绘的那样，有"茂林修竹"可"畅叙幽情"，又"惠风和畅""信可乐也"。

（3）生态空间

兰亭景区是国家 4A 级旅游景区，到处是"茂林修竹"，游客

---

① 数据来源于绍兴市文化和旅游局。
② 数据来源于绍兴市文化和旅游局。

身在景区好似到了城市绿肺。兰亭书法小镇附近还规划开发了兰亭森林文化休闲旅游综合体，有兰亭景区、兰亭书法博物馆、兰亭研学营地、民宿群落、古镇文化创意街区、天章寺遗址、兰渚山、印山越国王陵、兰亭森林动物王国等多个项目。小镇充分利用其优美的自然生态环境，发展生态旅游、休闲度假。据绍兴市文化旅游发展报告相关数据，2022年，兰亭书法小镇的旅游收入达到1.2亿元，生态旅游占比超过40%。

4. 总结

兰亭小镇是一个以"文化＋旅游"为主要特色的小镇，其文化底蕴深厚、旅游基础扎实。未来，可进一步建设特色小镇会客厅，提升小镇的数智化程度。此外，兰亭景区可增设与游客互动的场景，并利用墙绘、快闪、研学游、特色街区等串联各个景点，打造精品旅游线路，让兰亭书法小镇在传承与创新中散发独特魅力。

（七）浙江绍兴黄酒小镇

1. 小镇介绍

黄酒小镇位于浙江省绍兴市，涵盖"酒乡古镇"东浦和"黄酒重镇"湖塘两大核心区块。这里地理位置优越，处于绍兴丰富文旅资源的辐射范围内。东浦是绍兴黄酒发源地，拥有1600余年酿酒史，酒文化底蕴深厚，至今依然延续着千百年来的传统工艺，保留着一大批黄酒历史遗迹。湖塘产业基础雄厚，是小镇重要的生产空间，为小镇提供了坚实支撑。

黄酒小镇是第二批全国特色小镇、首批浙江省级特色小镇创建单位。小镇通过"一镇两区"模式，打造"产业＋文化＋旅游＋社区"四位一体的大格局；以"政府引导、企业运作、集约化管理、一站式服务"为路径，打造成为保护发展历史经典产业的重要平台和传承弘扬特色文化的重要载体，积极推动黄酒传统产业的提升和创新发展。"黄酒小镇"以产业为引导、以古镇为依托，结合绍兴山水空间格局，以鉴湖为底，黄酒文化为魂，打造融生产观光、展示体验、文化创意、休闲旅游于一体的特色小镇。共划分 12 个功能区，分别是黄酒产业创意园区、黄酒博物馆、酒吧街区、酒店区、越秀演艺中心、游船码头、游客中心及配套设施、酒坊街区、民宿街区、民俗街区、黄酒文化养生社区、名人艺术中心，有明确的"三生空间"规划布局和产业发展模式。图 6.82 至图 6.84 是课题组在调研时拍摄与获取的相关照片。

图 6.82　笔者在黄酒小镇调研　　　　图 6.83　黄酒小镇

图 6.84　用黄酒缸当路灯凸显了黄酒小镇的特色

2. 小镇特色

"越酒行天下，东浦酒最佳。"小镇所在地东浦是绍兴黄酒的发祥地。东浦酿酒业在晋朝即有文字著述，至宋代东浦已是绍兴酿酒业的中心，距今已有 1600 余年的历史，繁盛时期同时开有 500 多家酒坊。东浦酒的水取自当地的鉴湖水，米也是取自当地盛产的优质糯米，所产黄酒具有酸、甜、苦、辣、鲜五味一体和香、醇、柔、绵、爽的综合风格，是越酒中的珍品。

小镇黄酒文化底蕴深厚，形成鲜明特色，以黄酒产业带动了旅游行业的协同发展。面对社会年龄结构的调整和社会文化的变迁。各类酒商正试图"圈粉"年轻一代的客户群体，他们通过改变营销方式向年轻消费群体抛出橄榄枝，例如推出联名产品、外观设计体现"年轻化"、调整口味等。绍兴的黄酒企业近年根据市场变化，推出"黄酒咖啡""黄酒奶茶""黄酒棒冰"等受年轻人喜爱的创新产品扩容黄酒消费群体。黄酒历来被认为是江浙一带的区域消费产品，是一个有区域特色的酒种，目前具有黄酒消费习惯的人群主要集中在上海、江苏、浙江一带。如何扩大黄酒文化的影响，营造更广泛的黄酒消费场景，使黄酒产品紧跟布局年轻化市场的脚步走出绍兴小镇，是企业需要面对的问题。[①] 黄酒小镇还抓住文旅研学风口，创设了多元化的研学活动，例如"对话徐锡麟——诗歌言志""越酒文化我传扬""探秘古桥：神奇的桥梁工程学"等，依托小镇历史文化和特色来宣传小镇。

---

① 冯若男. 欲俘获年轻消费者的黄酒如何走出绍兴小镇 [N]. 北京商报，2024-03-18.

3. 生产、生活、生态空间的协同发展

（1）生产空间

绍兴黄酒小镇按照"一镇两区"模式创建，其中东浦片区依托丰富的酒乡古镇资源，重点发展黄酒文化旅游产业；湖塘片区依托雄厚的黄酒产业基础，重点发展黄酒酿造产业。[①] 这两个区域不仅是小镇生产空间的核心，也是游客了解黄酒文化的重要窗口。在黄酒小镇景区内，线下市场布局偏向年轻化，自 2023 年以来，古越龙山"慢酒馆"、女儿红"温渡酒馆"、状元红"小酒馆"、黄酒小镇"微醺舍"相继开业[②]，小镇另有一些商铺售卖黄酒咖啡等特色产品，这都吸引了不少年轻人去品尝与黄酒相关的美食。作为黄酒小镇主要生产基地之一的湖塘，肩负着小镇的黄酒产业创新发展的任务。湖塘在发展黄酒产业的同时，还利用数字技术建设智慧旅游配套设施，创新黄酒小镇信息化服务方式，为游客提供虚拟旅游、行程定制、电子商务、位置服务、智能导览、主动推送、互动分享等新型文旅服务体验，实现黄酒工业游和鉴湖诗路游的无缝对接，延长游客在小镇的停留时间，提高游客的满意度。[③]

（2）生活空间

从徐锡麟故居开始，沿着昌记酒坊、大川桥等景点一路游览，有十来个大小不一的历史文化景点可供游客参观。游客在小镇不仅能欣赏古色古香的水乡美景，还能通过黄酒小镇游客中心、黄酒小

---

① 文爱心. 特色小镇发展两大模式 [N]. 中国文化报，2017-06-17.

② 冯若男. 欲俘获年轻消费者的黄酒如何走出绍兴小镇 [N]. 北京商报，2024-03-18.

③ 柯桥湖塘深化"三驻三服务"助推黄酒产业高质量发展 [EB/OL]. （2021-12-29）[2024-10-30]. https：//baijiahao.baidu.com/s?id=1720431268352597304&wfr=spider&for=pc.

镇展示馆、绍兴黄酒酒器展示馆、黄酒艺术光影体验馆等场所深入了解绍兴黄酒的制作工艺和历史文化。在小镇的主要旅游区域内，有9座历史古老的小桥，像散落的明珠似的串联起小镇的河道和两岸，成为小镇的交通要道。古镇街上沿河处，放置着许多酿酒缸，不仅是点缀小镇风光的文化符号，还被独具匠心地镂空打造成了照明小镇的路灯。小镇宁静祥和，游客密度不高，环境优美舒适，适合周末短途出行。生活配套如餐饮、住宿、购物在近几年得到稳步发展，现有相关场所20余个，为游客和居民提供了便利。此外，宋韵水上婚礼、中国黄酒节、黄酒文化研学等特色活动，也吸引了社会关注，进一步提升了小镇的知名度。

（3）生态空间

黄酒小镇的建筑是典型的江南传统民居样式，青砖、白墙、黛瓦、石板路，皆是熟悉的江南水乡腔调。小镇民居沿河道两旁而建，河岸以桥串联。小镇游览观光用的绍兴乌篷船载着游客行于河上，体会江南水乡厚重的历史与浪漫的情调。绍兴市是著名的历史文化名城，早已形成了文旅矩阵，驱车前往附近的几个景点和风景区逛一逛，例如大香林·兜率天景区、柯岩风景区、越王峥、酷玩王国、东方山水乐园等，也是众多游客的选择。

4. 总结

概言之，黄酒小镇历史文化底蕴深厚、地理位置优越、水乡生态宜居，是一个具有广阔发展前景的特色小镇。近几年，黄酒小镇通过整合"产业＋文化"旅游资源，实现了经济效益、社会效益和生态效益的协同发展。绍兴是浙江重要的历史文化名城，也是旅游业较为发达的城市，黄酒小镇在立足产业特色的同时，可以借绍兴文旅业的东风，在发展小镇三产上狠下一番功夫，持续推动小镇"三生空间"协同发展。

（八）安徽黟县宏村镇

1. 小镇介绍

宏村镇位于安徽省黄山市黟县，地处黄山的西南麓。整个村落占地约 28 公顷，其中被界定为古村落范围的面积为 19.11 公顷。村落始建于南宋绍兴年间，依山傍水，有丰富的历史和文化、独特的徽派建筑风格、如画的水乡风光，被联合国教科文组织列入《世界遗产名录》，是"研究中国古代水利史的活教材"。如今，宏村通过发展旅游经济，走上了乡村振兴之路。

2. 小镇特色

宏村镇的选址、布局，都和水有着直接的关系，这是一座经过严谨规划的古村落。其建筑组群比较完整，注重雕饰，有极高的艺术价值，是徽派建筑的典型代表，有现存完好的明清民居440 多幢。村内水系丰富，在设计上采用了仿生学"牛"形布局，这种设计巧妙地利用地势落差引水入村，纵横交织的水圳通向村子里的家家户户，不仅解决了村民的取用水问题，还提供了充足的消防水源。早在 2013 年，宏村镇政府就组建了"宏村乡村客栈联盟"，以协会的形式来对宏村旅游进行统一宣传和营销，对旅游经营户进行规范管理。宏村不仅是徽州传统地域文化、建筑技术和景观设计的杰出代表，更被誉为"中国画里的乡村"，体现了自然景观与人文内涵的和谐统一，成为游客了解徽州文化的重要窗口。图6.85 至图 6.86 是课题组在调研时拍摄与获取的相关照片。

图6.85　宏村风光（一）　　　　图6.86　宏村风光（二）

3. 生产、生活、生态空间的协同发展

（1）生产空间

除了传统农业的发展，宏村以旅游业为主要经济支柱，每年接待游客量超过百万人次，旅游收入是当地经济的主要来源。以徽派建筑为核心的古村落参观、徽州文化体验、非物质文化遗产徽墨制作技艺展示，都深受游客的喜爱。通过旅游业的带动，宏村居民实现了收入多元化，许多农户经营起了特色民宿和餐饮服务，村里还设有写生基地吸引客流，这些附加产业为家庭平均增收超过30%。此外，政府与企业合作的文化保护基金用于古建筑修缮，既维护了文化遗产又促进了经济良性循环。生产空间的繁荣，推动了基础设施建设的规划，例如新建停车场、改造步行道等，这些都直接改善了当地居民的生活条件，同时避免了对生态环境的负面影响。

（2）生活空间

借助旅游业的兴盛，宏村大力建设公共设施。近年来，宏村新建了社区卫生服务中心，升级了污水处理系统，有效提高了居民的生活水平。为了适应现代生活，宏村在保留传统徽派建筑风格的同时，实施了室内设施现代化改造。政府提供补贴帮助居民安装环保能源系统，进一步提高了居民的生活舒适度。蓬勃发展的旅游业吸引了一些年轻人返乡创业，他们开设咖啡馆、手工作坊等，新业态在古村落不断涌现。高质量的生活空间为旅游业的发展提供了有力保障，旅游业的发展反过来又促进了生活空间的持续优化。居民在享受经济红利的同时，也承担起保护生态的责任。

（3）生态空间

宏村独特的"牛形"水系不仅是重要的景观资源，也是生态保护的重点区域。在政府和居民的共同努力下，宏村的水体污染得到了有效控制。通过设置生态保护区和开展环保宣传活动，宏村强化了对自然资源的管理。每年定期组织村民参与河道清理活动，提高环保意识。良好的生态状况提升了宏村的整体吸引力。这种口碑效应进一步促进了宏村旅游业的发展，形成了生态与经济的双赢局面。

4. 总结

宏村镇将其独特的地理、水利及文化优势相结合，以旅游业为核心推动经济发展，实现了生产、生活与生态空间的协同发展。在生产空间上，宏村以旅游业带动了产业多元化发展，为居民提供了新的收入来源，同时通过文化保护基金维护文化遗产；在生活空间上，宏村通过现代化设施的提升和环保措施的推行，提高了居民的生活质量，并吸引年轻人返乡创业，促进文化传承；在生态空间上，宏村通过有效的管理和宣传活动，维持了良好的自然环境，进一步增强了地区的吸引力。这些措施形成了一个良性循环，使宏村镇成为一个既具有历史文化价值又充满发展活力的特色小镇。

（九）浙江台州仙居神仙氧吧小镇

1. 小镇介绍

神仙氧吧小镇位于浙江省台州市仙居县中部旅游板块白塔镇境内，是浙江省首批 37 个创建的省级特色小镇之一，它地处神仙居省级旅游度假区的核心地带，是通往神仙居、景星岩、淡竹等主景区的门户。小镇规划面积约 3.8 平方公里，规划总投资超 80 多亿元。在过去的 20 年里，神仙氧吧小镇经历了从传统农业社区到现代生态宜居小镇的转变。小镇以政府为主导，推动了基础设施的改善，包括道路修建、供水系统升级等。同时，小镇高度重视保护自然生态环境，制定了多项政策以促进生态可持续发展。当地居民依托仙居得天独厚的生态优势和康养度假特色，享受到了旅游业的红利。他们利用自家村屋，做起了农家乐，逐步形成了颇具规模的民营旅游服务产业。图 6.87 至图 6.89 是课题组在调研时拍摄与获取的相关照片。

图 6.87　神仙氧吧小镇风光

图 6.88　神仙氧吧小镇门户

图 6.89   仙居农家乐等服务产业繁荣

2. 小镇特色

（1）天然氧吧

仙居被称为"神山秀水"之地，其地貌独特，是世界上最大的
火山流纹岩地貌集群，一山一水、一崖一洞、一石一峰，均自成
一格，有"开天辟地""南天日月"等数十个景域。神仙氧吧小镇
积极保护周边的森林、湖泊和田园，提倡低碳生活和可持续发展
理念。清新的空气、优美的自然风光和丰富的生态资源让仙居有
了"天然氧吧"的美称，健康休闲、养生文化的基底吸引了大量游
客前来观光休闲。

（2）仙居杨梅

仙居"东魁"杨梅果实大、汁水多、口味好，是仙居县农业
的主导产业。仙居杨梅种植历史悠久，种植面积广泛，产量和产

值均位居全国前列。杨梅种植不仅为当地农民带来了可观的经济效益，还推动了相关产业的发展，形成了完整的产业链。2020年，农业农村部批准对"仙居杨梅"实施农产品地理标志登记保护。①2022年，"仙居杨梅"还入选了第二批浙江省示范级文化和旅游IP。每年6—7月，杨梅上市时，大批游客就冲着"仙居杨梅"这个大IP，到仙居一边赏景一边抢先吃上一口酸甜可口的仙居杨梅。

（3）家庭式民宿

神仙氧吧小镇街道两侧全都是民宿和农家乐，它们都以家庭为单位。有些农家乐聚集区是以村为单位改造的，老板和员工都是村民。家庭式民宿的价格一般都很实惠，客房配备空调、电视、热水壶、淋浴设备等居家用品，适合一家人短途旅游休憩。餐饮食材都是本地农副产品，健康鲜美，有农家风味。凭借便利的地理位置、实惠的价格、舒适的居住环境，仙居家庭式民宿吸引了大批游客落脚，同时也创造了许多就业岗位，增加了居民收入和村集体收入，为乡村经济带来活力。

3. 生产、生活、生态空间的协同发展

神仙氧吧小镇以"一镇三区二十村"为重点区域，围绕"风景增色、游客增加、百姓增益"的"三增"目标，建设特色小镇，赋能乡村振兴。

（1）生产空间

神仙氧吧小镇以生态为底色，集中发展农业和旅游业。依托丰富的旅游资源优势，小镇布局"旅游＋"融合发展模式，不断延

---

① 欧阳靖雯.国产水果何以扬眉吐气：仙居杨梅借助电商销售减产不减收 [N].农民日报，2022-08-18.

伸旅游产业链条，打响"大旅游""大健康"品牌。^①仙居的生态优势转化为经济优势，吸引了大量游客，推动了民宿和酒店业的发展。此外，SPA 美容养生度假基地、神仙居文化产业园、薰衣草观光园、湿地休闲广场等以"康养度假"为主题的项目，彰显了小镇"旅游度假、健康养生、文化创意、耕读体验"的旅游康养型特质。酸甜可口的东魁杨梅种植是小镇的农业支柱。仙居县域面积的 80% 是丘陵山地，通过实施"梅茶鸡蜂"有机结合的复合型山地农业模式，仙居人开始以杨梅栽培为核心，巧妙地在不同高度的山地环境配置杨梅树、茶树、仙居鸡、土蜂等农业生物资源，走出了一条政府主导、品牌引领、企业（合作社）组织加工销售、农户生产的"品牌 + 公司（合作社）+ 基地 + 农户"的产业化经营道路。^②

（2）生活空间

小镇充分利用自身的优势，激发了乡村内部的发展活力，通过改善生态环境、发展旅游产业，提升了区域内民宿和酒店的住宿率，增加了当地居民的经济收入，提振了当地居民的精神面貌。笔者在小镇调研期间，住在神仙居景区南门不远处的石盟垟村一家民宿中，平时老板一家人也住在这里，厨师、保洁的工作都由自家人负责。他们井井有条地打理民宿生意，旺季忙碌于民宿经营，淡季则兼顾农活。仙居县类似这样的家庭式民宿非常多，充满"内生力"的村民既是小镇的建设者，也是乡村振兴的受益者。

---

① 徐子渊，应芳露 . "小城"仙居的发展越来越"燃" [EB/OL]. （2024-05-30）[2024-10-30]. https：//news.qq.com/rain/a/20240530A04Z9P00.
② 李景 . 浙江仙居探索复合型山地农业模式：小杨梅长成致富果 [N]. 经济日报，2023-11-30.

（3）生态空间

神仙氧吧小镇山水秀美，森林覆盖率高，空气质量独绝，因此被称为"天然氧吧"。神仙氧吧小镇景观资源丰富，以山水田园、滩林溪流、古村古镇为基底，兼具养生度假、乡野体验等功能。拥有如意湖、前王水库、薰衣草园等多处地文水域景观，以及高迁古民居和上横街等人文历史遗迹，吸引了大批游客来此旅游、度假、康养，实现了"绿水青山"向"金山银山"的转化。

4. 总结

未来，"疗愈游"① 是值得小镇进一步挖掘和开发的项目。康养旅游不仅关注身体机能健康，更注重身体、心智和精神领域的平衡与和谐。② 神仙氧吧小镇可进一步关注市场需求，挖掘所在地人文和生态资源，提升空间韧性，这对乡村振兴和应对人口老龄化具有重要意义。③ 通过制定科学规划和实施有效的措施，神仙氧吧小镇在发展过程中将生态保护与经济发展有机结合，巧妙地将生态资源转化为美丽经济，为乡村振兴注入了强劲动力。

---

① "疗愈游"强调通过旅游达到身心健康的疗愈。

② 何荞. 基于需求导向的康养旅游特色小镇建设研究 [J]. 北京联合大学学报（人文社会科学版），2017（2）: 41-47.

③ 仝晓晓，井渌. 乡村振兴视域下生态康养小镇空间韧性营造策略研究 [J]. 现代城市研究，2024（8）: 96-102.

结　语

　　特色小镇是我国在新发展阶段实施城乡空间布局创新与实践的科学产物，它集成了生产、生活及生态发展要素，形成了产业、城乡、人口及文化四位一体化的新建设形式，是经济新常态下加快区域创新发展的战略选择。[①] 通过对一些特色小镇的考察和总结，本书发现特色小镇在规划、建设与运营等方面具有一定的共性和差异。

　　从规划角度来看，特色小镇是在政府主导下有意识、有目标、有计划的城镇化过程。因此，当地政府需主动承担起顶层设计的责任，依托当地的资源基底，立足长远、因地因时，对特色小镇进行整体性、系统性的统一规划，发挥其在推动产业转型升级、增加区域发展动力上的积极作用。[②] 做到规划科学灵活、发展目标明确、产业特色鲜明。特色小镇"三生空间"发展模式注重生产、生活、生态空间的协同发展。一些小镇将生态资源作为核心吸引力，通过发展生态旅游、生态农业实现生态价值的经济转化；另

① 李强.特色小镇是浙江创新发展的战略选择 [J].今日浙江，2015（24）：16-19.
② 黄静晗，路宁.国内特色小镇研究综述：进展与展望 [J].当代经济管理，2018（8）：47-51.

一些小镇则强调生产功能，以产业集聚、科技创新等为主要发展方向，以此带动地方社会经济发展。

从建设角度来看，"三生空间"是特色小镇这个创新平台的主要组成部分，与此同时，特色小镇注重基础设施建设、公共服务配套、生态环境改善、社会活力指数、生活幸福感等要素。一些小镇在基础设施建设方面存在短板，需要加大投入力度；另一些小镇则可能面临公共服务配套不足的问题，需要完善公共服务体系。这些可能都将制约生产、生活、生态的发展。此外，在信息化背景下，还应注重提升特色小镇的数智化程度，使之成为城市发展的先锋样板。

从运营的角度来看，特色小镇的"三生空间"的营造与提升，应当积极纳入多元化主体，避免政府单方面的大包大揽。政府应以规划指导者、资源协调者和监管保障者的身份参与特色小镇建设，鼓励包括企业、社区组织、地方居民等在内的社会各界力量的共同参与，激发内生性驱动力量。只有这样，才能充分激发市场活力和社会经济的创造力，在确保可持续发展的同时，提高小镇的综合竞争力。多元主体的合作也有助于形成一种良性互动机制，使小镇的发展路线更加符合市场变化趋势和社会发展趋势。

此外，应紧紧围绕"特色"做文章，发挥特色小镇作为乡村振兴核心载体的战略作用，尤其是在小镇发展韧性和可持续性上狠下功夫。一些小镇可能面临产业同质化、区域不平等、土地金融化等问题，应避免"一刀切"政策干预方式，因地制宜，尊重地方原有条件，避免陷入核心竞争力不足而后继乏力的发展困境[①]；另

---

① 胡晓辉，林潭晨，张天尧，等. 特色小镇的理论剖析及其政策分类研究：基于浙江省的调查证据 [J]. 热带地理，2024（2）：269-279.

一些小镇则可能面临品牌知名度不高的问题，需要通过打造小镇IP，加强品牌推广和营销，吸引投资和流量。

特色小镇作为新型城镇化的一种创新模式，为实现城乡协调发展开辟了有效路径，然而，其在发展过程中必然会存在许多关键成功因素和障碍因素。为了实现特色小镇的可持续发展，解决城乡发展不平衡、基本公共服务差距大以及土地、劳动、资本等要素市场存在制度壁垒的现实问题，应制定更具针对性的发展策略和保障措施，持续推动发展机制与治理模式创新。

唯有冲破重重阻碍，以创新为翼、策略为舵，特色小镇方能在时代浪潮中发挥"引擎"作用，深度融入国家乡村振兴与新型城镇化战略布局，在实现中华民族伟大复兴中国梦的壮丽征途中，镌刻下属于特色小镇的坚实印记。

参考文献

白小虎，陈海盛，王松. 特色小镇与生产力空间布局 [J]. 中共浙江省委党校学报，2016（5）：21-27.

曹海林，何经纬. 赋能型增长与嵌入式发展：脱贫地区特色小镇何以从帮"扶贫"转向助"振兴"：基于陕西省石泉县"金蚕小镇"的实地调查 [J]. 求实，2024（2）：96-108，112.

曹开军，王秘秘. 中国旅游特色小镇空间分布及影响因素 [J]. 西北大学学报（自然科学版），2023（2）：209-219.

车雯，张瑞林，马培艳. 运动休闲特色小镇文体旅融合场景的价值关涉与叙事路径：以莫干山漫运动小镇为中心的考察 [J]. 济南大学学报（社会科学版），2025（1）：157-168.

陈明曼. 复杂适应系统视角下的特色小镇演化研究 [D]. 重庆：重庆大学，2018.

翟阳. 特色小镇品牌 IP 形象设计研究：以善琏湖笔小镇为例 [D]. 上海：上海师范大学，2022.

段永彪，杨青. 出众还是出局：乡村振兴背景下特色小镇的要素耦合与发展路径：基于西安市特色小镇的多案例研究 [J]. 西北农林科技大学学报（社会科学版），2023（3）：72-81.

方叶林，黄震方，李经龙，等. 中国特色小镇的空间分布及其产业特征 [J]. 自然资源学报，2019（6）：1273-1284.

冯若男. 欲俘获年轻消费者的黄酒如何走出绍兴小镇 [N]. 北京商报，

2024-03-18.

韩广富，齐婉兵.统筹新型城镇化和乡村全面振兴的实践进路 [J].
学习与探索，2024（11）：115-126.

韩金起.从创新看浙江特色小镇建设 [J].知行铜仁，2016（2）：
66-70.

何莽.基于需求导向的康养旅游特色小镇建设研究 [J].北京联合大
学学报（人文社会科学版），2017（2）：41-47.

洪恒飞，秦羽.产业纽带串起"一区十园" 宁波高新区提升发展能
级有高招 [N].科技日报，2020-05-12.

胡晓辉，林潭晨，张天尧，等.特色小镇的理论剖析及其政策分类
研究：基于浙江省的调查证据 [J].热带地理，2024（2）：269-
279.

黄慧仙.杭州艺创小镇 2019 年将集聚 2500 家特色企业 [N].浙江日
报，2018-06-27.

黄静晗，路宁.国内特色小镇研究综述：进展与展望 [J].当代经济管
理，2018（8）：47-51.

黄鑫，斯震.茶旅融合发展路径探索：以浙江省安吉县为例 [J].福建
茶叶，2024（10）：86-88.

蓝枫.建设特色小镇，推进城乡一体化进程 [J].城乡建设，2016
（10）：27.

李冬梅.乡村振兴视域下推进农村共同富裕的路径选择 [J].农业经
济，2025（2）：51-53.

李景.浙江仙居探索复合型山地农业模式：小杨梅长成致富果 [N].
经济日报，2023-11-30.

李俊利.数字新质生产力、农业高质量发展与乡村振兴 [J].技术经

济与管理研究，2024（12）：29-34.

李俊利. 数字新质生产力、农业高质量发展与乡村振兴 [J]. 技术经
济与管理研究，2024（12）：29-34.

李强. 特色小镇是浙江创新发展的战略选择 [J]. 今日浙江，2015
（24）：16-19.

林火灿. 让特色小镇健康生长 [N]. 经济日报，2018-01-17.

刘洋. 新型城镇化与乡村振兴协同发展的机理、障碍及优化路径 [J].
农业经济，2025（2）：101-104.

洛城街道办事处. 中国蔬菜小镇项目被列为山东省 2020 年重大项目
[J]. 农业工程技术，2020（4）：77.

马瑞. 大唐打造特色小镇 [N]. 中国纺织报，2015-10-30.

闵学勤. 精准治理视角下的特色小镇及其创建路径 [J]. 同济大学学
报（社会科学版），2016（5）：55-60.

欧阳靖雯. 国产水果何以扬眉吐气：仙居杨梅借助电商销售减产不减
收 [N]. 农民日报，2022-08-18.

祁豆豆. 透视"寿光模式"：全产业链打造农业科技新生态 [N]. 上海
证券报，2021-07-06.

宋文杰. 镇域特色小镇瓶颈突破之路：以诸暨袜艺小镇为例 [J]. 小城
镇建设，2016（3）：80-82.

苏红键. 统筹新型城镇化和乡村全面振兴的关键问题与推进思路 [J].
中国软科学，2024（11）：77-86.

唐刚. 新型城镇化视阈下特色小镇多层次协同发展机制研究 [D]. 北
京：北京交通大学，2023.

唐敏，刘盛. 乡村振兴战略背景下特色小镇建设发展研究 [J]. 湖北
理工学院学报（人文社会科学版），2019（4）：37-42.

仝晓晓，井渌.乡村振兴视域下生态康养小镇空间韧性营造策略研
究 [J]. 现代城市研究，2024（8）：96-102.

涂强.乡村振兴与新型城镇化协同发展促进农民农村共同富裕 [J].
农业经济，2025（2）：105-107.

王存瑞，魏璐芳，徐晶锦."书法圣地"的复兴密码 [N]. 绍兴日报，
2021-03-18.

王金伟，王启翔，陆大道.数字经济、旅游经济与新型城镇化时空
耦合格局及影响因素：以长三角地区为例 [J]. 地理研究，2024
（12）：3301-3326.

王瑾."寿光模式"中的科技力量 [N]. 中国财经报，2024-01-18.

王景新，支晓娟.中国乡村振兴及其地域空间重构：特色小镇与美丽
乡村同建振兴乡村的案例、经验及未来 [J]. 南京农业大学学报
（社会科学版），2018（2）：17-26，157-158.

王琪延，杜治仙.中国乡村文旅发展与乡村振兴耦合协调研究 [J].
企业经济，2025（1）：57-67.

王营，夏青，赵曦.关于绿色低碳循环发展体系的基础研究 [J]. 机
电产品开发与创新，2019（1）：10-12.

王勇，虞惠敏，李梓莹.东阳木雕小镇：高品质打造全省历史经典产
业特色小镇新标杆 [J]. 浙江画报，2023（3）：26-29.

王振坡，薛珂，张颖，等.我国特色小镇发展进路探析 [J]. 学习与
实践，2017（4）：23-30.

卫才华，孙钰洁.文化艺术产业赋能乡村振兴优化路径研究 [J]. 经
济问题，2024（9）：103-110.

卫龙宝，史新杰.浙江特色小镇建设的若干思考与建议 [J]. 浙江社
会科学，2016（3）：28-32.

文爱心.特色小镇发展两大模式 [N].中国文化报，2017-06-17.

谢宏，李颖灏，韦有义.浙江省特色小镇的空间结构特征及影响因素研究 [J].地理科学，2018（8）：1283-1291.

徐艺航.实地探访诸暨袜业：一条街道供全球，"大唐"的生命力何来 [N].第一财经日报，2023-03-09.

薛志伟."中国白"迈向价值链高端 [N].经济日报，2023-12-16.

杨晓丹.文体旅融合发展推进乡村振兴研究 [J].农业经济，2025（2）：142-144.

叶永永.东阳木雕小镇 获省第四批特色小镇命名 [N].金华日报，2020-11-17.

仪修出，范红.特色小镇在国际文旅中塑造国家形象的品牌策略：以乌镇戏剧节为例 [J].中南民族大学学报（人文社会科学版），2023（6）：71-81，183-184.

于俭.特色何以成镇：社区共同体视角下的特色小镇建设：基于上海市 Z 特色小镇的田野考察 [J].社会科学家，2023（7）：83-89.

余佳.场景营造与城市近郊特色小镇建设 [J].武汉大学学报（哲学社会科学版），2024（2）：30-40.

余伟忠.城镇化进程中的文创特色小镇形态构建研究 [D].杭州：中国美术学院，2020.

张海云.咖啡隐喻：海南福山特色小镇农文旅融合的地方性叙事 [J].北方民族大学学报，2024（5）：85-94.

张克俊，李雪，苏艺.统筹新型工业化、新型城镇化和乡村全面振兴的理论框架与实践方略 [J].改革，2025（1）：65-80.

张雷.运动休闲特色小镇：概念、类型与发展路径 [J].体育科学，2018（1）：18-26，41.

张蔚文. 政府与创建特色小镇: 定位、到位与补位 [J]. 浙江社会科学, 2016 (3): 43-47, 158.

张晓薇. 我国特色小镇绿色发展及其评估研究 [D]. 南昌: 南昌大学, 2022.

张正伟, 吴红波, 阮瑶娜. 宁波打造电商经济"前洋创新高地"[N]. 宁波日报, 2015-10-27.

张祚, 刘晓歌. 从小城镇到特色小城镇: 中央—地方与区域视角下的政策设计与量化评价 [J]. 中国软科学, 2023 (6): 92-105.

章刘成, 田昕加, 夏萍. 数字经济背景下乡村产业融合发展研究 [J]. 商业研究, 2024 (2): 84-92.

赵珊. 中国旅游兴起"微度假"[N]. 人民日报 (海外版), 2021-12-10.

浙江省安吉县人民政府. 安吉白茶发展的 40 年 [J]. 茶博览, 2019 (5): 24-27.

钟娟芳. 特色小镇与全域旅游融合发展探讨 [J]. 开放导报, 2017 (2): 54-58.

周闯, 郑旭刚, 杨茼菲. 新型城镇化与乡村振兴的共同演化及其市民化效应 [J]. 地理研究, 2024 (12): 3265-3288.

卓璇. 产业"特而高" 环境"小而美": 膜幻动力小镇做足"特"字文章 [J]. 宁波通讯, 2020 (16): 44-45.

附　录

《关于印发全国特色小镇规范健康发展导则的通知》明确，此前各有关部委和单位印发的特色小镇相关文件予以废止，其中涵盖住房和城乡建设部公布的第一批、第二批中国特色小镇名单。文件废止是基于全国特色小镇发展形势出现新变化、政策举措与改革要求，遵循新文件覆盖旧文件的原则进行调整，并不意味着第一批、第二批中国特色小镇失去了参考价值。这些小镇在规划理念、产业培育、建设运营等方面积累的经验，对当下特色小镇建设仍然具有重要的借鉴意义。因此，本书将其收录，供参考学习，从中汲取有益经验，推动特色小镇高质量发展。

附录 1　第一批中国特色小镇名单 [①]

一、北京市（3个）

　　房山区长沟镇

　　昌平区小汤山镇

　　密云区古北口镇

二、天津市（2个）

　　武清区崔黄口镇

[①]　关于公布第一批中国特色小镇名单的通知 [EB/OL].（2016-10-14）[2024-10-30].https：//www.mohurd.gov.cn/gongkai/zhengce/zhengcefilelib/201610/20161014_229170.html.

滨海新区中塘镇

三、河北省（4个）

秦皇岛市卢龙县石门镇

邢台市隆尧县莲子镇

保定市高阳县庞口镇

衡水市武强县周窝镇

四、山西省（3个）

晋城市阳城县润城镇

晋中市昔阳县大寨镇

吕梁市汾阳市杏花村镇

五、内蒙古自治区（3个）

赤峰市宁城县八里罕镇

通辽市科尔沁左翼中旗舍伯吐镇

呼伦贝尔市额尔古纳市莫尔道嘎镇

六、辽宁省（4个）

大连市瓦房店市谢屯镇

丹东市东港市孤山镇

辽阳市弓长岭区汤河镇

盘锦市大洼区赵圈河镇

七、吉林省（3个）

辽源市东辽县辽河源镇

通化市辉南县金川镇

延边朝鲜族自治州龙井市东盛涌镇

八、黑龙江省（3个）

齐齐哈尔市甘南县兴十四镇

牡丹江市宁安市渤海镇

大兴安岭地区漠河县北极镇

九、上海市（3个）

金山区枫泾镇

松江区车墩镇

青浦区朱家角镇

十、江苏省（7个）

南京市高淳区桠溪镇

无锡市宜兴市丁蜀镇

徐州市邳州市碾庄镇

苏州市吴中区甪直镇

苏州市吴江区震泽镇

盐城市东台市安丰镇

泰州市姜堰区溱潼镇

十一、浙江省（8个）

杭州市桐庐县分水镇

温州市乐清市柳市镇

嘉兴市桐乡市濮院镇

湖州市德清县莫干山镇

绍兴市诸暨市大唐镇

金华市东阳市横店镇

丽水市莲都区大港头镇

丽水市龙泉市上垟镇

十二、安徽省（5个）

铜陵市郊区大通镇

安庆市岳西县温泉镇

黄山市黟县宏村镇

六安市裕安区独山镇

宣城市旌德县白地镇

十三、福建省（5 个）

福州市永泰县嵩口镇

厦门市同安区汀溪镇

泉州市安溪县湖头镇

南平市邵武市和平镇

龙岩市上杭县古田镇

十四、江西省（4 个）

南昌市进贤县文港镇

鹰潭市龙虎山风景名胜区上清镇

宜春市明月山温泉风景名胜区温汤镇

上饶市婺源县江湾镇

十五、山东省（7 个）

青岛市胶州市李哥庄镇

淄博市淄川区昆仑镇

烟台市蓬莱市刘家沟镇

潍坊市寿光市羊口镇

泰安市新泰市西张庄镇

威海市经济技术开发区崮山镇

临沂市费县探沂镇

十六、河南省（4个）

焦作市温县赵堡镇

许昌市禹州市神垕镇

南阳市西峡县太平镇

驻马店市确山县竹沟镇

十七、湖北省（5个）

宜昌市夷陵区龙泉镇

襄阳市枣阳市吴店镇

荆门市东宝区漳河镇

黄冈市红安县七里坪镇

随州市随县长岗镇

十八、湖南省（5个）

长沙市浏阳市大瑶镇

邵阳市邵东县廉桥镇

郴州市汝城县热水镇

娄底市双峰县荷叶镇

湘西土家族苗族自治州花垣县边城镇

十九、广东省（6个）

佛山市顺德区北滘镇

江门市开平市赤坎镇

肇庆市高要区回龙镇

梅州市梅县区雁洋镇

河源市江东新区古竹镇

中山市古镇镇

二十、广西壮族自治区（4个）

柳州市鹿寨县中渡镇

桂林市恭城瑶族自治县莲花镇

北海市铁山港区南康镇

贺州市八步区贺街镇

二十一、海南省（2个）

海口市云龙镇

琼海市潭门镇

二十二、重庆市（4个）

万州区武陵镇

涪陵区蔺市镇

黔江区濯水镇

潼南区双江镇

二十三、四川省（7个）

成都市郫县德源镇

成都市大邑县安仁镇

攀枝花市盐边县红格镇

泸州市纳溪区大渡口镇

南充市西充县多扶镇

宜宾市翠屏区李庄镇

达州市宣汉县南坝镇

二十四、贵州省（5个）

贵阳市花溪区青岩镇

六盘水市六枝特区郎岱镇

遵义市仁怀市茅台镇

安顺市西秀区旧州镇

黔东南州雷山县西江镇

二十五、云南省（3个）

红河州建水县西庄镇

大理州大理市喜洲镇

德宏州瑞丽市畹町镇

二十六、西藏自治区（2个）

拉萨市尼木县吞巴乡

山南市扎囊县桑耶镇

二十七、陕西省（5个）

西安市蓝田县汤峪镇

铜川市耀州区照金镇

宝鸡市眉县汤峪镇

汉中市宁强县青木川镇

杨陵区五泉镇

二十八、甘肃省（3个）

兰州市榆中县青城镇

武威市凉州区清源镇

临夏州和政县松鸣镇

二十九、青海省（2个）

海东市化隆回族自治县群科镇

海西蒙古族藏族自治州乌兰县茶卡镇

三十、宁夏回族自治区（2个）

银川市西夏区镇北堡镇

固原市泾源县泾河源镇

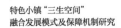

三十一、新疆维吾尔自治区（3个）

喀什地区巴楚县色力布亚镇

塔城地区沙湾县乌兰乌苏镇

阿勒泰地区富蕴县可可托海镇

三十二、新疆生产建设兵团（1个）

第八师石河子市北泉镇

附录 2　第二批全国特色小镇名单^①

一、北京市（4 个）

怀柔区雁栖镇

大兴区魏善庄镇

顺义区龙湾屯镇

延庆区康庄镇

二、天津市（3 个）

津南区葛沽镇

蓟州区下营镇

武清区大王古庄镇

三、河北省（8 个）

衡水市枣强县大营镇

石家庄市鹿泉区铜冶镇

保定市曲阳县羊平镇

邢台市柏乡县龙华镇

承德市宽城满族自治县化皮溜子镇

邢台市清河县王官庄镇

邯郸市肥乡区天台山镇

保定市徐水区大王店镇

四、山西省（9 个）

运城市稷山县翟店镇

晋中市灵石县静升镇

---

①　关于公布第二批全国特色小镇名单的通知 [EB/OL].（2017-08-28）[2024-10-30].https：//
www.mohurd.gov.cn/gongkai/zhengce/zhengcefilelib/201708/20170828_233078.html.

晋城市高平市神农镇

晋城市泽州县巴公镇

朔州市怀仁县金沙滩镇

朔州市右玉县右卫镇

吕梁市汾阳市贾家庄镇

临汾市曲沃县曲村镇

吕梁市离石区信义镇

五、内蒙古自治区（9个）

赤峰市敖汉旗下洼镇

鄂尔多斯市东胜区罕台镇

乌兰察布市凉城县岱海镇

鄂尔多斯市鄂托克前旗城川镇

兴安盟阿尔山市白狼镇

呼伦贝尔市扎兰屯市柴河镇

乌兰察布市察哈尔右翼后旗土牧尔台镇

通辽市开鲁县东风镇

赤峰市林西县新城子镇

六、辽宁省（9个）

沈阳市法库县十间房镇

营口市鲅鱼圈区熊岳镇

阜新市阜蒙县十家子镇

辽阳市灯塔市佟二堡镇

锦州市北镇市沟帮子镇

大连市庄河市王家镇

盘锦市盘山县胡家镇

本溪市桓仁县二棚甸子镇

鞍山市海城市西柳镇

七、吉林省（6个）

延边州安图县二道白河镇

长春市绿园区合心镇

白山市抚松县松江河镇

四平市铁东区叶赫满族镇

吉林市龙潭区乌拉街满族镇

通化市集安市清河镇

八、黑龙江省（8个）

绥芬河市阜宁镇

黑河市五大连池市五大连池镇

牡丹江市穆棱市下城子镇

佳木斯市汤原县香兰镇

哈尔滨市尚志市一面坡镇

鹤岗市萝北县名山镇

大庆市肇源县新站镇

黑河市北安市赵光镇

九、上海市（6个）

浦东新区新场镇

闵行区吴泾镇

崇明区东平镇

嘉定区安亭镇

宝山区罗泾镇

奉贤区庄行镇

十、江苏省（15个）

无锡市江阴市新桥镇

徐州市邳州市铁富镇

扬州市广陵区杭集镇

苏州市昆山市陆家镇

镇江市扬中市新坝镇

盐城市盐都区大纵湖镇

苏州市常熟市海虞镇

无锡市惠山区阳山镇

南通市例如东县栟茶镇

泰州市兴化市戴南镇

泰州市泰兴市黄桥镇

常州市新北区孟河镇

南通市例如皋市搬经镇

无锡市锡山区东港镇

苏州市吴江区七都镇

十一、浙江省（15个）

嘉兴市嘉善县西塘镇

宁波市江北区慈城镇

湖州市安吉县孝丰镇

绍兴市越城区东浦镇

宁波市宁海县西店镇

宁波市余姚市梁弄镇

金华市义乌市佛堂镇

衢州市衢江区莲花镇

杭州市桐庐县富春江镇

嘉兴市秀洲区王店镇

金华市浦江县郑宅镇

杭州市建德市寿昌镇

台州市仙居县白塔镇

衢州市江山市廿八都镇

台州市三门县健跳镇

十二、安徽省（10个）

六安市金安区毛坦厂镇

芜湖市繁昌县孙村镇

合肥市肥西县三河镇

马鞍山市当涂县黄池镇

安庆市怀宁县石牌镇

滁州市来安县汊河镇

铜陵市义安区钟鸣镇

阜阳市界首市光武镇

宣城市宁国市港口镇

黄山市休宁县齐云山镇

十三、福建省（9个）

泉州市石狮市蚶江镇

福州市福清市龙田镇

泉州市晋江市金井镇

莆田市涵江区三江口镇

龙岩市永定区湖坑镇

宁德市福鼎市点头镇

漳州市南靖县书洋镇

南平市武夷山市五夫镇

宁德市福安市穆阳镇

十四、江西省（8个）

赣州市全南县南迳镇

吉安市吉安县永和镇

抚州市广昌县驿前镇

景德镇市浮梁县瑶里镇

赣州市宁都县小布镇

九江市庐山市海会镇

南昌市湾里区太平镇

宜春市樟树市阁山镇

十五、山东省（15个）

聊城市东阿县陈集镇

滨州市博兴县吕艺镇

菏泽市郓城县张营镇

烟台市招远市玲珑镇

济宁市曲阜市尼山镇

泰安市岱岳区满庄镇

济南市商河县玉皇庙镇

青岛市平度市南村镇

德州市庆云县尚堂镇

淄博市桓台县起凤镇

日照市岚山区巨峰镇

威海市荣成市虎山镇

莱芜市莱城区雪野镇

临沂市蒙阴县岱崮镇

枣庄市滕州市西岗镇

十六、河南省（11个）

汝州市蟒川镇

南阳市镇平县石佛寺镇

洛阳市孟津县朝阳镇

濮阳市华龙区岳村镇

周口市商水县邓城镇

巩义市竹林镇

长垣县恼里镇

安阳市林州市石板岩镇

永城市芒山镇

三门峡市灵宝市函谷关镇

邓州市穰东镇

十七、湖北省（11个）

荆州市松滋市涴水镇

宜昌市兴山县昭君镇

潜江市熊口镇

仙桃市彭场镇

襄阳市老河口市仙人渡镇

十堰市竹溪县汇湾镇

咸宁市嘉鱼县官桥镇

神农架林区红坪镇

武汉市蔡甸区玉贤镇

天门市岳口镇

恩施州利川市谋道镇

十八、湖南省（11个）

常德市临澧县新安镇

邵阳市邵阳县下花桥镇

娄底市冷水江市禾青镇

长沙市望城区乔口镇

湘西土家族苗族自治州龙山县里耶镇

永州市宁远县湾井镇

株洲市攸县皇图岭镇

湘潭市湘潭县花石镇

岳阳市华容县东山镇

长沙市宁乡县灰汤镇

衡阳市珠晖区茶山坳镇

十九、广东省（14个）

佛山市南海区西樵镇

广州市番禺区沙湾镇

佛山市顺德区乐从镇

珠海市斗门区斗门镇

江门市蓬江区棠下镇

梅州市丰顺县留隍镇

揭阳市揭东区埔田镇

中山市大涌镇

茂名市电白区沙琅镇

汕头市潮阳区海门镇

湛江市廉江市安铺镇

肇庆市鼎湖区凤凰镇

潮州市湘桥区意溪镇

清远市英德市连江口镇

二十、广西壮族自治区（10个）

河池市宜州市刘三姐镇

贵港市港南区桥圩镇

贵港市桂平市木乐镇

南宁市横县校椅镇

北海市银海区侨港镇

桂林市兴安县溶江镇

崇左市江州区新和镇

贺州市昭平县黄姚镇

梧州市苍梧县六堡镇

钦州市灵山县陆屋镇

二十一、海南省（5个）

澄迈县福山镇

琼海市博鳌镇

海口市石山镇

琼海市中原镇

文昌市会文镇

二十二、重庆市（9个）

铜梁区安居镇

江津区白沙镇

合川区涞滩镇

南川区大观镇

长寿区长寿湖镇

永川区朱沱镇

垫江县高安镇

酉阳县龙潭镇

大足区龙水镇

二十三、四川省（13个）

成都市郫都区三道堰镇

自贡市自流井区仲权镇

广元市昭化区昭化镇

成都市龙泉驿区洛带镇

眉山市洪雅县柳江镇

甘孜州稻城县香格里拉镇

绵阳市江油市青莲镇

雅安市雨城区多营镇

阿坝州汶川县水磨镇

遂宁市安居区拦江镇

德阳市罗江县金山镇

资阳市安岳县龙台镇

巴中市平昌县驷马镇

二十四、贵州省（10个）

黔西南州贞丰县者相镇

黔东南州黎平县肇兴镇

贵安新区高峰镇

六盘水市水城县玉舍镇

安顺市镇宁县黄果树镇

铜仁市万山区万山镇

贵阳市开阳县龙岗镇

遵义市播州区鸭溪镇

遵义市湄潭县永兴镇

黔南州瓮安县猴场镇

二十五、云南省（10个）

楚雄州姚安县光禄镇

大理州剑川县沙溪镇

玉溪市新平县戛洒镇

西双版纳州勐腊县勐仑镇

保山市隆阳区潞江镇

临沧市双江县勐库镇

昭通市彝良县小草坝镇

保山市腾冲市和顺镇

昆明市嵩明县杨林镇

普洱市孟连县勐马镇

二十六、西藏自治区（5个）

阿里地区普兰县巴嘎乡

昌都市芒康县曲孜卡乡

日喀则市吉隆县吉隆镇

拉萨市当雄县羊八井镇

山南市贡嘎县杰德秀镇

二十七、陕西省（9个）

汉中市勉县武侯镇

安康市平利县长安镇

商洛市山阳县漫川关镇

咸阳市长武县亭口镇

宝鸡市扶风县法门镇

宝鸡市凤翔县柳林镇

商洛市镇安县云盖寺镇

延安市黄陵县店头镇

延安市延川县文安驿镇

二十八、甘肃省（5个）

庆阳市华池县南梁镇

天水市麦积区甘泉镇

兰州市永登县苦水镇

嘉峪关市峪泉镇

定西市陇西县首阳镇

二十九、青海省（4个）

海西州德令哈市柯鲁柯镇

海南州共和县龙羊峡镇

西宁市湟源县日月乡

海东市民和县官亭镇

三十、宁夏回族自治区（5个）

银川市兴庆区掌政镇

银川市永宁县闽宁镇

吴忠市利通区金银滩镇

石嘴山市惠农区红果子镇

吴忠市同心县韦州镇

三十一、新疆维吾尔自治区（7个）

克拉玛依市乌尔禾区乌尔禾镇

吐鲁番市高昌区亚尔镇

伊犁州新源县那拉提镇

博州精河县托里镇

巴州焉耆县七个星镇

昌吉州吉木萨尔县北庭镇

阿克苏地区沙雅县古勒巴格镇

三十二、新疆生产建设兵团（3个）

阿拉尔市沙河镇

图木舒克市草湖镇

铁门关市博古其镇

附录3　全国特色小镇规范健康发展导则 [①]

近年来各地区特色小镇建设取得一定成效，涌现出一批精品特色小镇，促进了经济转型升级和新型城镇化建设，但也出现了部分特色小镇概念混淆、内涵不清、主导产业薄弱等问题。为加强对特色小镇发展的指导引导、规范管理和激励约束，结合各地区各有关部门实践探索，现围绕特色小镇发展定位、空间布局、质量效益、管理方式和底线约束等方面，提出普适性操作性的基本指引。

一、发展定位

准确把握特色小镇发展定位，明确概念内涵、功能作用和主导产业，将之作为发展特色小镇的基础和前提。

（一）概念内涵。特色小镇是现代经济发展到一定阶段产生的新型产业布局形态，是规划用地面积一般为几平方公里的微型产业集聚区，既非行政建制镇，也非传统产业园区。特色小镇重在培育发展主导产业，吸引人才、技术、资金等先进要素集聚，具有细分高端的鲜明产业特色、产城人文融合的多元功能特征、集约高效的空间利用特点，是产业特而强、功能聚而合、形态小而美、机制新而活的新型发展空间。

（二）功能作用。特色小镇是经济高质量发展的新平台，依托小尺度空间集聚细分产业和企业，促进土地利用效率提升、生

---

① 关于印发全国特色小镇规范健康发展导则的通知 [EB/OL].（2021-09-30）[2024-10-30].
https://www.ndrc.gov.cn/xwdt/tzgg/202109/t20210930_1298530.html.

产力布局优化和产业转型升级；是新型城镇化建设的新载体，疏解大城市中心城区非核心功能，吸纳农业转移人口进城就业生活，促进农业转移人口市民化和就近城镇化；是城乡融合发展的新支点，承接城市要素转移，支撑城乡产业协同发展。

（三）产业主导。特色小镇应秉持少而精、少而专方向，在确实具备客观实际基础条件的前提下确立主导产业，宜工则工、宜商则商、宜农则农、宜游则游，找准优势、凸显特色，切不可重复建设、千镇一面，切不可凭空硬造、走样变形，切不可一哄而上、贪多求全。制造业发达地区可着重发展先进制造类特色小镇，先进要素集聚地区可着重发展科技创新、创意设计、数字经济及金融服务类特色小镇，拥有相应资源禀赋地区可着重发展商贸流通、文化旅游、体育运动及三产融合类特色小镇。

二、空间布局

遵循经济规律、城镇化规律和城乡融合发展趋势，因地制宜、实事求是，合理谋划设计特色小镇空间布局。

（四）区位条件。特色小镇布局应依据国土空间规划，立足不同地区区位优势、产业基础和比较优势，在拥有相对发达块状经济或相对稀缺资源的区位进行布局。科学严谨论证布局选址可行性，以优化发展原有产业集聚区为主、以培育发展新兴区域为辅，重点布局在城市群、都市圈等优势区域或其他有条件区域，重点关注市郊区域、城市新区及交通沿线、景区周边等区位。

（五）建设边界。特色小镇应边界清晰、集中连片、空间相对独立、四至范围精确，生产生活生态空间保持合理比例。在严格节约集约利用土地的同时，特色小镇规划用地面积下限原则上不少于1平方公里，其中建设用地面积原则上不少于1/2平方公里，保障生产生活所需空间和多元功能需要；规划用地面积上限原则上不多于5平方公里，保障打造形成一刻钟便民生活圈需要，文化旅游、体育运动及三产融合等类型特色小镇规划用地面积上限可适当提高。鼓励盘活存量和低效建设用地，强化老旧厂区和老旧街区等存量片区改造。

（六）空间功能。特色小镇应在聚力发展主导产业的基础上，推进生产生活生态"三生融合"、产业社区文化旅游"四位一体"，打造优质服务圈和繁荣商业圈。叠加现代社区功能，提高物业服务质量，结合教育医疗养老育幼资源整体布局提供优质公共服务，完善商贸流通和家政等商业服务。叠加文化功能，挖掘工业文化等产业衍生文化，建设展示整体图景和文化魅力的公共空间，赋予独特文化内核及印记，推动文化资源社会化利用。叠加旅游功能，促进产业与旅游相结合，寓景观于产业场景，增加景观节点和敞开空间，实现实用功能与审美功能相统一。

（七）风貌形态。特色小镇建设应体现风貌整体性、空间立体性、平面协调性。尊重原有自然格局，促进地形地貌、传统风貌与现代美学相融合。推进多维度全域增绿，建设"口袋公园"及小微绿地，绿化覆盖率原则上不低于30%，有条件的可依托既有水系营造蓝绿交织的空间形态。体现建筑外观风格特色化和整体性，控制适宜的建筑体量和高度。注重塑造色彩体系，加强屋顶、墙体、道路等公共空间美化亮化。

三、质量效益

坚持质量第一、效益优先，确保特色小镇投入强度够、质效水平高、创新活力足、低碳效应强。

（八）投入强度。特色小镇应聚焦产业细分门类，结合产业发展现状，选择一个最有基础、最具潜力的门类作为主导产业，打造形成具有核心竞争力的特色产业。做强做精特色产业集群，特色产业投资占总投资比例原则上不低于60%，培育竞争优势强的领航企业。确保投资具备一定强度，建设期内建设用地亩均累计投资额原则上不低于200万元/亩，有条件地区可进一步提高，避免将一般项目组团甚至单体项目命名为"特色小镇"。

（九）质效水平。特色小镇应聚焦高端产业和产业高端环节，提升产业价值链和产品附加值，全员劳动生产率原则上不低于20万元/人。坚持经济发展就业导向，扩大就业容量、提高就业质量，单个特色小镇吸纳就业人数原则上不少于2000人。建设用地亩均缴纳税收额原则上不低于10万元/年，有条件地区可进一步提高。文化旅游类特色小镇接待游客人数原则上不少于50万人次/年。

（十）创新活力。特色小镇应聚焦创新创业，培育新产业新业态新商业模式，"三新"经济增加值占生产总值比重原则上不低于20%。先进制造、科技创新、创意设计、数字经济类特色小镇研发经费投入强度原则上不低于2.5%。健全研发设计、成果孵化、金融导入、场景应用相结合的创新创业服务体系。推动公共设施和建筑等物联网应用，公共设施基本实现智能化。

（十一）绿色低碳。特色小镇应按照碳达峰碳中和要求，协

同推进经济高质量发展和生态环境高水平保护。推动能源清洁低
碳安全高效利用，引导非化石能源消费和分布式能源发展，有条
件的可开展屋顶分布式光伏开发，推行清洁取暖和合同能源管理。
促进工业、建筑、交通等领域低碳转型，坚决遏制"两高"项目盲
目发展，大力发展绿色建筑，推广装配式建筑、节能门窗和绿色
建材，推进绿色施工。加强再生水利用。

四、管理方式

坚持高标准、严要求，统筹加强特色小镇建设发展的全环节
管控，建立特色小镇全生命期管理机制。

（十二）方案编制。市县级人民政府应根据本导则要求，结
合当地经济社会发展规划及国土空间规划，组织会同有关方面编
制单个特色小镇建设方案，明确特色产业、四至范围、功能分
区、投资运营主体、重点项目、建设方式、投融资模式、盈利模
式等事项，落实国土空间规划确定的地块用途、容积率等管控要
求。对方案的科学性和可行性合规性进行把关，组织相关领域专
家进行研究论证，必要时以公布方案草案、组织听证会等方式听
取意见。

（十三）清单管理。省级发展改革部门应会同有关部门，按
照严定标准、统一管理原则，建立本省份特色小镇清单。纳入清
单的应具备本导则提出的基础条件，建设完成后应达到本导则明
确的各项指标要求。坚持严控数量、提高质量，人均GDP少于
1万美元省份的清单内特色小镇原则上不多于50个，鼓励控制
在30个以内。每年年底前公布清单，并报送国家发展改革委纳入

全国特色小镇信息库。国家发展改革委对各省份特色小镇清单实行"窗口指导"，加强监督、引导和督促调整。未纳入各省份特色小镇清单的，各单位各机构不得自行冠名"特色小镇"或自行开工建设。

（十四）动态调整。省级发展改革部门应会同有关方面，切实做好存量特色小镇管理，对此前国务院各有关部门或行业协会、地方各级人民政府、市场主体已建设或命名的特色小镇进行全面审核，将符合本导则要求及本省份管理细则的特色小镇纳入清单，不符合的进行清理或更名。加强增量特色小镇管理，对市县级人民政府动态报送的每个特色小镇建设方案进行及时审核，将通过审核的特色小镇纳入清单。对清单内特色小镇进行定期评估，实行有进有退、优胜劣汰。

（十五）建设方式。坚持市场化运作、突出企业主体地位，鼓励通过政策激励引导、盘活存量资产、挖掘土地潜在价值等方式，培育专业性的特色小镇投资运营主体，引导大中小微企业联动发展。更好发挥政府作用，根据需要引导平台公司参与，加快项目审批（核准、备案）、用地、环评、施工许可等前期工作，依规开展土地综合整治，布局管网、交通等市政公用设施和产业配套设施，开展综合体项目整体立项、建设用地多功能复合利用等探索试验。

（十六）投融资模式。建立以工商资本及金融资本为主、以政府有效精准投资为辅的投融资模式。现金流健康的经营性项目、具备一定市场化运作条件的准公益性项目，主要通过特色小镇投资运营主体自有资金先期投入，其中符合条件项目可通过申请注册发行企业债券、鼓励引导银行业金融机构特别是开发性政策性金融机构参与等方式予以中长期融资支持。公益性项目主要通过各级财政资金予以投入，其中符合条件的项目可按规定分别纳入中央预算内投资、地方政府专项债券支持范围。

五、底线约束

加强对特色小镇建设的动态监管，有效防范各类潜在风险，确保不突破各项红线底线。

（十七）合规用地底线。严格落实永久基本农田、生态保护红线、城镇开发边界，不得改变国土空间规划确定的空间管控内容，遏制耕地"非农化"、防止"非粮化"。坚持土地有偿使用，按宗地确定土地用途，经营性建设用地必须通过招标拍卖挂牌等方式确定土地使用者，不得设置排他性竞买条件。

（十八）生态环保底线。严格落实区域生态环境分区管控方案和生态环境准入清单要求。加强山水林田湖草系统治理修复监管，保护重要自然生态系统、自然遗迹、自然景观和生物多样性，严禁违法违规占用以国家公园为主体的自然保护地，严禁挖湖造景。严防污染物偷排和超标排放，防控噪声和扬尘污染，因地制宜配备污水、垃圾、固废、危废、医废收集处理等环境基础设施。

（十九）债务防控底线。严控地方政府债务风险，县级政府法定债务风险预警地区不得通过政府举债建设，不得以地方政府回购承诺或信用担保等方式增加地方政府隐性债务。综合考虑地方现有财力、资金筹措和还款来源，稳妥把握公共设施开工建设节奏。

（二十）房住不炒底线。严防房地产化倾向，特色小镇建设用地主要用于发展特色产业，其中住宅用地主要用于满足特色小镇内就业人员自住需求和职住平衡要求。除原有传统民居外，特色小镇建设用地中住宅用地占比原则上不超过 30%，比例控制在25% 以下。结合所在市县商品住房库存消化周期，合理确定住宅用地供应时序。

（二十一）安全生产底线。严格维护人民生命财产安全，健全规划、选址、建设、运维全过程安全风险管控制度。建立企业全员安全生产责任制度，压实企业安全生产主体责任。督促企业按照行业安全生产规程标准，建立安全风险预防控制体系。

（二十二）监测监督管理。地方各级人民政府应加强动态监管，对违反以上五条底线的行为要限期整改，对性质严重的要抓紧清理；对行政建制镇错误命名的虚假"特色小镇"、单纯房地产开发等项目自我冠名的"某某小镇"，以及停留在纸面上、并未开工建设的虚拟"特色小镇"，要立即除名。各级发展改革部门在开展项目审批（核准、备案）等工作时，应加强对项目名称的把关指导，规范使用特色小镇全称、防止简称为小镇，防止各省份特色小镇清单外项目命名为"特色小镇"。

国办发〔2020〕33 号文件和本导则，是全国特色小镇发展的基本遵循。各省份可以此为依据，制定本省份特色小镇管理细则。本导则发布之日起，此前国务院各有关部门和单位印发的特色小镇文件同时废止。

附件：主要类型特色小镇建设规范性要求

主要类型	规范性要求
1. 先进制造类	着眼推动产业基础高级化和产业链现代化，促进装备制造、轻工纺织等传统产业高端化智能化绿色化发展，培育生物、新材料、新能源、航空航天等新兴产业，加强先进适用技术应用和设备更新，推动产品增品种、提品质、创品牌，发展工业旅游和科技旅游。着眼降低投产成本、提高产品质量，健全智能标准生产、检验检测认证、职业技能培训等产业配套设施。
2. 科技创新类	着眼促进关键共性技术研发转化，整合各类技术创新资源及教育资源，引入科研院所、高等院校分支机构和职业学校，发展"前校后厂"等产学研融合创新联合体，打造行业科研成果熟化工程化工艺化基地、产教融合基地和创业孵化器。建设技术研发转化和产品创制试制空间，提供专业通用仪器设备和模拟应用场景。
3. 创意设计类	着眼发挥创意设计对相关产业发展的先导作用，开发传统文化与现代时尚相融合的轻工纺织产品创意设计服务，提供装备制造产品外观、结构、功能等设计服务，创新建筑、园林、装饰等设计服务供给，打造助力于新产品开发的创意设计服务基地。注重引进工艺美术大师、时尚设计师等创意设计人才，布局建设工业设计中心。
4. 数字经济类	着眼推动数字产业化，引导互联网、关键软件等数字产业提质增效，促进人工智能、大数据、云计算、物联网等数字产业发展壮大，为智能制造、数字商务、智慧市政、智能交通、智慧能源、智慧社区、智慧楼宇等应用场景提供技术支撑和测试空间。建设集约化数据中心、智能计算中心等新型基础设施。
5. 金融服务类	着眼拓宽融资渠道、活跃地方经济，发展天使投资、创业投资、私募基金、信托服务、财富管理等金融服务，扩大直接融资特别是股权融资规模，引导中小银行和地方银行分支机构入驻或延伸服务，引进高端金融人才，打造金融资本与实体经济集中对接地。建设项目路演展示平台和人才公寓等公共服务设施。

主要类型	规范性要求
6. 商贸流通类	着眼畅通生产消费连接、降低物流成本，发展批发零售、物流配送、仓储集散等服务，引导商贸流通企业入驻并组织化品牌化发展，引导电商平台完善硬件设施及软件系统，结合实际建设边境口岸贸易、海外营销及物流服务网络，提高商品集散能力和物流吞吐量。加强公共配送中心建设和批发市场、农贸市场改造升级。